税金の大事典

【監修】
東京大学名誉教授
神野直彦

くもん出版

はじめに

みなさんは、「税金」と聞いて、何をイメージしますか？

自分のお金が国に取られてしまうイメージでしょうか？　それとも、テレビの時代劇に出てくる年貢の取り立てに苦しむ農民のイメージでしょうか？

もしそうだとすれば、みなさんは「税金」というものを誤解しています。

税金は、決して国に召し上げられるものではありません。しかし、多くの大人（納税者）がそう思っているのではないでしょうか。2015年度（平成27年度）に発覚した脱税額は138億円にのぼります[*]。発覚していないものをあわせると、実際にはもっと多くのお金が納税を逃れていることになります。それだけ、税金を払いたくないと思っている納税者がたくさんいるのです。みなさんの中にも、コンビニエンスストアで買い物をするとき、消費税を支払うのをいやだと思う人がいるでしょう。

しかし、よく考えてみてください。

この世の中に、税金がなかったら、どうなるのでしょうか？

毎年、12月ごろになると、新聞の紙面や、テレビ、インターネットのニュースサイトに、「予算」という言葉がひんぱんに登場します。この「予算」は、私たちの暮らしに密接にかかわっています。私たちがどこかに出かける時は道路を使いますし、お風呂に入る時は水道を使います。この道路の建設や水道管の敷設をはじめ、国や都

道府県、市町村の活動は、すべて予算で決められているのです。

そして、その予算の多くは「税金」から出ています。

税金は自分を含めた国民全体のために使われ、その使い道を決めるのは自分たちが選挙で選んだ議員の方々です。つまり、集められた税金が有効に使われるかどうかは、自分たちの責任でもあるのです。

人間は、ひとりでは生きていけません。だから、みんなで支えあって生きています。税金も人々が支えあうために必要なものです。

本書は、税金のしくみをみなさんに理解していただくことを目的に制作しました。本書を手にしたみなさんが、税金の必要性に気づいて、税金について考えるきっかけになれば幸いです。なお、掲載した情報やデータは、制作時点での最新のものを参考にしています。

＊2015年7月〜2016年6月に国税庁が処理した査察案件（189件）にかかわる金額（国税庁『平成27年度　査察の概要』より）

税金の大事典 もくじ

はじめに ……… 2

本書の使い方 ……… 8

第 1 章 税金って何だ？

第1章で学ぶこと ……… 10

暮らしには、たくさんのお金がかかっている ……… 12

税金の3つのやくわり ……… 14

納税は国民の義務？ ……… 16

子どもも税金を払うの？ ……… 18

昔からあった税制度 ……… 20

世界のユニークな税金 ……… 30

コラム 古代エジプトにも税があった！？ ……… 32

第 2 章 税金の**使い道**を知ろう

第 2 章で学ぶこと ········· 34

財政のしくみを知ろう ········ 36

財政の 3 つの機能 ········ 38

税金以外の歳入には、どんなものがある？ ········ 40

税金の使い道はどうやって決める？ ········ 42

歳出で多いのは社会保障費 ········ 44

公共事業って何？ ········ 46

災害から立ち直るためのお金 ········ 48

地球環境を守るためのお金 ········ 50

みんなが安心して学校に行けるのは？ ········ 52

ロケットの打ち上げも税金？ ········ 54

平和や国際貢献のために ········ 56

国の仕事・地方の仕事 ········ 58

進む公共サービスの民営化 ········ 60

コラム 予算が決まるまで ········ 62

第 3 章 税金の種類を知ろう

第3章で学ぶこと ……… 64
税金は誰がどうやって集めるの？ ……… 66
税金を払わないとどうなるの？ ……… 68
税金には、どんな種類があるの？ ……… 70
所得税ってどんな税金？ ……… 74
法人税の「法人」って誰のこと？ ……… 80
もっとも身近な税金・消費税 ……… 82
消費税以外の間接税 ……… 88
死んでも税金を払うの!? ……… 94
住んでいる地域に払う住民税 ……… 96
住民税以外の地方税 ……… 98
海外との貿易にかかる税金 ……… 104
ほかにもこんな税金が!? ……… 106
税金の安い国へ資金を移す？ ……… 108
税金にまつわる裁判や争い ……… 110
コラム 年金や健康保険などは税金ではないの？ ……… 112

第 4 章 もっと知りたい！税金のこと

第4章で学ぶこと ……… 114

租税の平等を守る「控除」……… 116

マイナンバー制度と税金は関係あるの？ ……… 118

「ふるさと納税」とは、どんなしくみなの？ ……… 120

「復興予算」は、正しく使われているの？ ……… 122

関税を取り巻く世界の動き ……… 124

歳出の4分の1が借金の返済!? ……… 126

消費税率を上げるのはむずかしいの？ ……… 128

比べてみよう世界の税金 ……… 130

新しい税金をつくる動きはあるの？ ……… 132

税金の無駄づかいを減らすには？ ……… 134

これからの税制を見直す動き ……… 136

さくいん ……… 138

本書は、私たちに身近な税金について、その種類や使われ方、税金を払う意味、税金を取り巻く問題などを、わかりやすく解説しています。

◆ 各章の内容

第1章　税金って何だ？
税金に関する基本的な知識が学べます

第2章　税金の使い道を知ろう
日本では税金がどのように使われているかが学べます

第3章　税金の種類を知ろう
日本にある税金の種類や集め方などについて学べます

第4章　もっと知りたい！ 税金のこと
近年の税金を取り巻くさまざまな出来事を取り上げています

本書は4章に分かれていて、各章の冒頭には、その章で学べるおもな内容について一覧できるページを設けています。みなさんが知りたいと思う疑問・質問に答えるような形式になっていますので、税金について知りたいことがあれば、まずこのページを見るようにすればいいでしょう。

各章の本文には、親しみやすいイラストと、税金にまつわるさまざまなデータをふんだんに掲載し、一見とっつきにくい税金について楽しく学べるようになっています。

◆本書で取り上げた各種データは、税金についてイメージしやすくするために掲載しているもので、2016年（平成28年）9月時点で入手できた最新のデータを用いていますが、現状とあわない場合もあります。
◆教科書等では、都道府県や市町村について「地方公共団体」という表記を使用していますが、本書では「地方自治体」あるいは「自治体」という表記を使用しています。

第 1 章

税金 って何だ？

第1章で 学ぶこと

第1章では、税金にはどういうやくわりがあるのか、そもそもなぜ税金を払う必要があるのかなど、税金に関する基本的な知識や税金の歴史などを知ることができます。

税金がないと、毎日の生活はどうなるの？

➡ **すべては税金で成り立っている** ………………………… 13 ページ

税金には、どんなやくわりがあるの？

➡ **税金の3つのやくわり** ………………………… 14 ページ

「納税は国民の義務」って、どういうこと？

➡ **納税は国民の義務？** ………………………… 16 ページ

税金は国が自由に決められるの？

➡ **法律に基づかない税金は徴収されない** …………… 17 ページ

おこづかいをもらったら、税金を払わないといけないの？

➡ **おこづかいに税金はかかるの？** ………………… 18 ページ

テレビに出る子役も税金を払っているの？

➡ **子どもでも収入があれば税金を払う!?** ………… 19 ページ

税制度は、いつからはじまったの？

➡ **昔からあった税制度** ………………………… 20 ページ

労働が税だった時代があるって、本当？

➡ **昔からあった税制度** …… 20 ページ、 **コラム** …… 32 ページなど

いつからお金で税を納めるようになったの？

➡ **関所の通行税** …… 23 ページ、**明治時代は地価の 3%** …… 26 ページなど

所得税がはじまったのはいつ？

➡ **所得税・法人税のはじまり** ……………………………… 26 ページ

戦争時の税制はどうなっていたの？

➡ **戦争で増えた税金と国債** ……………………………… 27 ページ

教科書にのっている「シャウプ勧告_{かんこく}」って、税金と関係あるの？

➡ **シャウプ勧告** …………………………………………… 28 ページ

消費税はいつからはじまったの？

➡ **少子高齢化と消費税のはじまり** ……………………… 29 ページ

外国には「渋滞税_{じゅうたいぜい}」や「脂肪税_{しぼうぜい}」があるって、本当？

➡ **世界のユニークな税金** ………………………………… 30 ページ

第1章 税金って何だ？　11

暮らしには、たくさんの お金がかかっている

国や地方自治体（都道府県や東京都23区、市町村）は、私たち国民（市民・住民）の暮らしに必要な、さまざまなサービスを行っています。そして、それらのサービスには、たくさんのお金がかかっています。

私たちの暮らしにかかるお金

※国税庁資料より（概算）

ゴミ処理費用

国民1人あたり 年 **1万6791円**
（2013年度）

警察・消防費

国民1人あたり 年 **3万9981円**
（2013年度）

国民医療費の公費負担

国民1人あたり 年 **12万2012円**
（2013年度）

公立学校の教育費用	(2013年度)
小学生1人あたり	年 **86万2000円**
中学生1人あたり	年 **98万4000円**
高校生1人あたり	年 **97万9000円**

| 学校の建設費用 | 1校あたり **13億円** (2012年度) |

信号機	1基あたり	**240〜470万円**
消防車	ポンプ車 1台	**1300万円**
	高層用はしご車 1台	**1億6000万円**

 ## すべては税金で成り立っている

　これらにかかるお金の多くは、国や地方自治体が支払っています。そのお金のもとになるのが、国民や企業などが納めている「税金」です。
　もし、税金がなかったら、火事が起こったら火を消す、ゴミを集めて処分する、子どもたちに勉強を教えるなどのあらゆることを、国民がすべて自分たちの手で行わなければなりません。それがむずかしいので、国民がお金を出しあって、代わりにやってもらうのです。つまり、税金とは共同社会で生きていくための「会費」のようなものです。

第1章　税金って何だ？　13

税金の3つのやくわり

税金は社会の中で、どのように役立てられているのでしょうか？　税金は私たちがふだん意識しない、目に見えないところでも力を発揮し、社会の安定を支えています。そのやくわりは、大きく分けて3つあります。

❶ みんなの暮らしに必要なお金（公共サービスの資金）

国や地方自治体は、道路や上下水道の整備といった公共事業、警察や消防、教育、高齢者の介護などの「**公共サービス**」を提供しています。税金は、この費用をまかなうのに役立てられています。

これらのサービスは、安全で快適な生活を続けていくために、すべての人に欠かせないものです。また、多くの人が同時に恩恵を受けているものなので、利用者を一人ひとり特定して費用を請求することがむずかしく、税金という形でひとまとめに徴収しています。

❷ 貧富の差を少なくする（所得の再分配）

社会には所得（収入）が多く経済的に豊かな人と、所得が少なく経済的に豊かでない人がいます。この状態をそのままにしておけば、差はどんどん広がってしまいます。そこで、経済的に豊かな人に多くの税金を負担させ、豊かでない人の税金を少なくし、より多くの公共サービスを提供す

ることで、その差を小さくしています。

このように、税金を集めることで豊かな人の富が豊かでない人にも行きわたるようにし、その差を縮めて社会を安定させることを「**所得の再分配**」といいます。

❸ 好・不況の波をおだやかにする（景気の調整）

景気がよくなると会社などの利益が増え、国民の所得も増えるので、納める税金の額も増えます。すると、人々がお金をあまり使わなくなるので、景気の上昇はおさえられます。逆に、景気が悪くなると所得が減るので、納める税金も減って、景気は上向きはじめます。税金には、上下する景気を自動的に安定させる働きがあるのです。

国は、景気がよい時には税金の負担を増やして景気を落ち着かせ、景気が悪い時には税金の負担を減らすことで、景気がよくなるようにうながします。

税には２つのルーツがある

古代、税は作物であったり、労働力であったりした時代がありました。支配者が自分の支配力を維持するために、食料や労働力を取り立てたのです。しかし、時代は変わり、ヨーロッパの教会税のように、教会を維持するために社会にいるみんなでお金を出しあうという側面が出てきます。

日本でも、かつては支配者のために作物や労働力を召し上げていた時代がありました。現代では、あくまでもみんなの社会を維持するための会費という側面が大きくなり、納税はお金で行うのが原則となりました。

第1章 税金って何だ？　15

納税は国民の義務？

みなさんは、税金を納めることは「国民の義務」だという言葉を、どこかで聞いたことがあるかもしれません。そもそも税金の運営は、どんな法律や考え方によって、支えられているのでしょうか？ くわしく見てみましょう。

国民の三大義務をおさらいしよう

勤労の義務

教育の義務

納税の義務

日本国憲法第30条には<u>「国民は、法律の定めるところにより、納税の義務を負ふ」</u>と定められています。納税の義務は勤労の義務、教育の義務とともに「**国民の三大義務**」と呼ばれています。

法律に基づかない税金は徴収されない（租税法律主義）

日本では、国や地方自治体が税金を徴収する時は、法律や条例に基づいていなければなりません。この考え方を「租税法律主義」と呼びます。これは同時に、「法律や条例に基づかない税金は求められない権利」を、国民が持っていることも意味しています。

日本国憲法第84条には「あらたに租税を課し、又は現行の租税を変更するには、法律又は法律の定める条件によることを必要とする」と定められています。つまり、新たなものに税金をかける時も、税金を増やしたり減らしたりする時も、いちいち法律や条例で定めなければならないのです。

みんなが平等に税金を払う（租税平等主義）

税金には、「すべての国民が平等に負担しなければならない」というルールがあり、これを「租税平等主義」といいます。「平等」といっても、すべての人が同じ額を負担するわけではなく、その人が負担できる能力に応じた税金を納めるという意味です。

「租税平等主義」は、右の3つの原則によって支えられています。

①	公平 の原則	同じ経済力の人には同じだけの税金を納めてもらう。
②	中立 の原則	税金のしくみが国民や会社の経済活動をさまたげないようにする。
③	簡素 の原則	税金を納める手続きを誰にでもわかりやすいものにし、税金を集める費用をできるだけかけないようにする。

第1章 税金って何だ？　17

子どもも税金を払うの？

大人だけが払うものと思われがちな「税金」ですが、たとえ子どもであっても、税金を納めなければいけない場合があります。どんな時に税金がかかるのか、見ていきましょう。

おこづかいに税金はかかるの？

　子どもでも、知らず知らずのうちに払っている税金があります。店で商品を買ったときに払う「消費税」（➡82ページ）などです。消費税は、店で買った商品の代金に上乗せされてレジで支払い、店の人がまとめて税務署に納めています。ただ、子どもの場合は、おこづかいでものを買うことがほとんどです。

　おこづかいは、もともと親の収入が子どもに移動しただけで、子どもの収入ではありません。よって、消費税を実際に払っているのは親、と考えることもできます。

　ただし、人から年に110万円を超える大金をゆずり受けると「贈与税」がかかります（➡95ページ）。

子どもでも収入があれば税金を払う!?

おこづかい以外にも、子どもがお金を得る方法はあります。例えば、コミュニケーションアプリ「LINE」の中で使われるスタンプ（さまざまな感情を表したイラスト）は、一般の人も自分でつくったものを販売することができます。未成年者は保護者の同意が必要ですが、子どもがデザインしたスタンプが売られた例もあります。また、CMやドラマなどで活躍する「子役」にも、所属事務所から賃金が支払われます。

これらの所得には、**所得税**（→ 74 ページ）がかかりますが、税金分は**源泉徴収**という方法であらかじめ引かれています。ただ、**確定申告**（→ 77 ページ）を行うことで**還付金**がもどってくることもあるので、保護者に手続きをしてもらいましょう。

 ## バザーやフリーマーケットの売上に税金はかかるの？

みなさんは、寄付などを目的に、家庭で使わなくなったものを持ちよって売る「バザー」や、公園や広場などで不要品を売買する「フリーマーケット」を一度は目にしたことがあるのではないでしょうか。最近では、インターネット上で不要品の売買をする人も少なくありません。これらによって利益を得た場合も、税金を払わなければいけないのでしょうか？

実は、家庭で不要になった衣服や家具などの生活必需品を売った所得には、税金がかからないことになっています。

ただし、貴金属や宝石、こっとう品などで、ひとつの価格が 30 万円を超える高価なものには、税金がかかるので気をつけましょう。

昔からあった税制度

税は時代や社会に応じて、次々と姿を変えてきました。日本の税はいつからはじまり、どんなものにかけられ、人々は何で納めていたのでしょうか？　日本の税金のしくみが、どのように変化して今の形になったのか、歴史をふり返ってみましょう。

古代

 ## 邪馬台国の税とは？

日本における、今でいう「税金」について書かれた歴史書として、もっとも古いのは『魏志倭人伝』です。『魏志倭人伝』は中国で書かれた『三国志』の一部で、邪馬台国の3世紀ごろの様子が描かれています。その中に、「租賦を収む邸閣有り」という記述があります。

「租賦」とは、中国で税をさします。「邸閣」は納められたものを入れる倉庫か、その管理をする役所のようなものだったとされています。具体的に何を納めていたかはわかっていませんが、『魏志倭人伝』の別の箇所に、稲や麻などを育てていたとも書かれていることから、その一部を納めていたのではないかと考えられています。

収租賦有邸閣

（訳）租税や賦役の徴収が行われ、その租税を収める倉庫が置かれている。

魏志倭人伝の原文（複写、一部抜粋）
※出典：佐原 真『魏志倭人伝の考古学』（岩波書店）

飛鳥時代の租・庸・調と戸籍制度

飛鳥時代の701年、国の基本法である「**大宝律令**」が完成しました。この制度のもと、人々に土地を分け与え、税を集めることを定めた「**班田収授法**」という法律ができました。

税を集めるには、誰がどこに住んでいるのかを把握する必要があります。そこで、国は6年ごとに戸籍調査を行い、6歳以上の男女に「**口分田**」と呼ばれる土地を与えました。さらに、戸籍に基づいて「計帳」という課税台帳をつくり、人々に**租・庸・調**と呼ばれる税をかけるしくみができました。

飛鳥時代の租・庸・調＊

租	田んぼの広さに応じて、収穫の3％ほどにあたる稲を納める
庸	都で年間10日間の労働のかわりに布を納める
調	絹や綿、塩など、その土地の特産品を納める

＊租は男女、庸と調は男子のみが負担

「租税」という言葉

日本では、税金のことを「**租税**」と呼ぶことがあります。この「租」は「租・庸・調」の「租」、つまりお米で、のぎへんは稲や穀物を表しているといわれています。

稲・穀物 → 税 ← 人 口 開く

では、「税」（古い字体で「税」）はどうでしょう？　のぎへんは稲や穀物、つくりは「八」が人、「儿」が開くで、人が口を開けている姿を表しているという説があります（諸説あります）。そこから見えるのは、お米が納められて、役人が喜んでいる姿。「租税」という言葉には、国家が領地を支配して、作物を強制的に貢がせる様子が表れています。

第1章 税金って何だ？　21

奈良時代

奈良時代の荘園の拡大

　時代が進むと、重い税にがまんできなくなり、口分田をおいて逃げ出す人が増えてきました。そこで、奈良時代の743年（天平15年）、国は「墾田永年私財法」を出し、新しく耕した土地は個人が所有してもいいことにしました。貴族や寺院は、農民を使って土地を耕させ、自分たちが所有する「荘園」を広げていきました。

鎌倉時代

鎌倉時代の御恩・奉公と税

　鎌倉時代に入り、土地をめぐる争いがさかんになると、土地を守るために武装した「武士」が力を持つようになりました。その中から将軍になった源頼朝は、戦で活躍した御家人（家来）に新しい土地を分け与えました。これを「御恩」といいます。

　御恩を受けた御家人は、戦の時に一族を連れて将軍のために戦いました。これを「奉公」といいます。源頼朝は御家人に守護・地頭という役職を与え、全国に配置し、税の取り立てや、犯罪の取りしまりなどを行わせました。

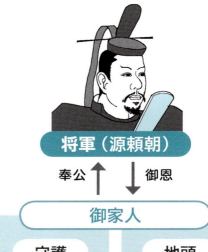

22

鎌倉時代

●● 農民の年貢 ●●

　荘園では、どのような税が農民に課せられていたのでしょうか？　まずは収穫物（米）の一部を納める「年貢」というものがありました。年貢は、地頭が農民から取り立てて、荘園を所有する貴族や寺院などの**領主**に納めていました。

　このほかにも、山や海でとれたもの、絹、綿、糸、油、紙など、さまざまなものを納めた「公事」や、田を耕したり運搬作業を行ったりする「夫役」といった税がありました。

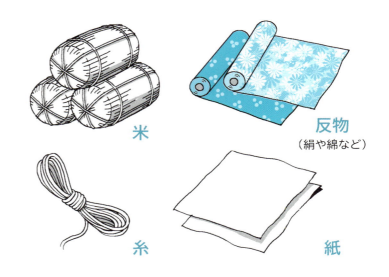

米　　反物（絹や綿など）　　糸　　紙

室町時代

 ### 関所の通行税

　室町時代には、税の中心は年貢になりました。商工業もさかんになり、商工業者にも税が課せられるようになりました。商品の流通が活発になると、道を通る人から「関銭」という通行税を取るために、幕府や荘園領主は次々と新しい関所をつくりました。

　関所というのはもともと、あやしい人でないかどうかを検査する目的で、国の境などに設けられた場所のことですが、このころには関銭を取ることが目的になっていました。関銭は積んでいる荷物の量に応じて取られたため、商人には重い負担となりました。

　さらに、港やわたし舟の発着するところでも「津料」と呼ばれる関銭が徴収されました。この時代には、中国から入ってきた**明銭**というお金も広く流通していました。

明銭　　©wonderland／PIXTA

第1章　税金って何だ？　23

太閤検地と年貢

安土桃山時代の武将・豊臣秀吉は、天下を統一していく中で、全国の土地の調査を行いました。土地を測る単位を統一し、面積や土地のよしあし、米のとれ高、耕す人の名前を調べ、「検地帳」という台帳に記録しました。米のとれ高は「石」を単位とする「石高」で表されました。農民を土地の所有者としたため、荘園領主が支配していた荘園制度は崩壊しました。

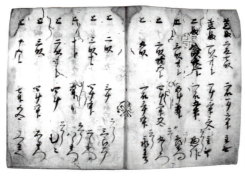

摂津国川辺郡椎堂村（今の兵庫県尼崎市）の検地帳
（尼崎市立地域研究史料館所蔵、門田隆夫氏文書）
※「Web版 図説尼崎の歴史」
（尼崎市立地域研究史料館）より

台帳をもとに、取り立てられる年貢は収穫量の3分の2とされていて、とても厳しいものでした。豊臣秀吉と、その家来が1582年（天正10年）から1598年（慶長3年）までに行った検地を「太閤検地」といいます。「太閤検地」のしくみは形を変えながらも、江戸幕府に引きつがれていきました。

安土桃山時代

江戸時代

一揆と打ちこわし

豊臣秀吉が行う検地に反発して、1587年（天正15年）には肥後国（熊本県）で農民たちが「**一揆**」をおこしました。一揆というのは、年貢の重い負担などに対して団結して抗議行動をおこすことです。このような動きを恐れた豊臣秀吉は、武器となる刀や鉄砲を農民から没収する「**刀狩り**」を行いました。

江戸時代に入っても、農民が村をあげて年貢の引き下げを求める「**百姓一揆**」は続きました。中でも、今の岐阜県で数千人の農民が立ち上がった「**郡上一揆**」は有名です。

また、米商人が米を買い占めたせいで米の値段が上がったことなどに抗議して、人々が米商人などをおそう「**打ちこわし**」も増えました。

貨幣経済の発展

江戸時代には金貨、銀貨、銭貨という3種類の貨幣（お金）がありました。商業がさかんになり、交通が発達するにつれて、世の中に出回る貨幣の量は増えていきました。

また、各地の藩（1万石以上の土地を与えられた大名が支配する領地）は領内だけで使える「**藩札**」という紙幣（お札）を発行し、苦しい財政を立て直しました。

江戸時代の藩札（伊予銀行所蔵）

江戸幕府の老中・**田沼意次**は商業を重んじ、商工業者が「**株仲間**」という組合をつくることを認める代わりに、税金を納めさせました。さらに、新しい貨幣をつくることで経済を活発にし、貨幣を商品交換の手段とする**貨幣経済**を進めました。

明治時代は地価の３％

明治時代に入ると、政府は収入の安定を図るために、新しい税のしくみをつくりました。1873年（明治6年）に「地租改正法」を出し、地価（土地の値段）の３％を「地租」という税金として納めるように定めたのです。この改革を「**地租改正**」といいます。

地租改正では、土地の売買を認め、土地の面積や値段、税を納める義務を負う土地の所有者を調べて「**地券**」という証明書を発行しました。年貢のように、米ではなく、お金で払わなければならなくなったため、農民は米を売ったお金で税金を納めました。負担の重さは江戸時代とそれほど変わらず、あちこちで一揆が起こりました。

明治時代の地券（尼崎市立地域研究史料館所蔵、宇保登氏文書）※「Web版 図説 尼崎の歴史」（尼崎市立地域研究史料館）より

●●所得税・法人税のはじまり●●

1887年（明治20年）には、「**所得税**」（➡74ページ）という税金が新たに設けられました。所得税は、1年間の所得（収入から経費を引いた利益）が300円以上の個人に課せられました。まだ税金を納めるほどの所得を得る人が少なかったことから「名誉税」とも呼ばれました。

会社が増えてきた1899年（明治32年）には制度の大幅な改正が行われ、法人（会社など）の所得にも所得税が課せられるようになりました。そして1940年（昭和15年）には、所得税から独立する形で「**法人税**」（➡81ページ）が誕生しました。

個人も会社も納税する

明治時代

明治時代・大正時代・昭和時代

●● 戦争で増えた税金と国債 ●●

日清戦争や日露戦争、太平洋戦争など、明治から昭和にかけて、日本は戦争をくり返してきました。戦争をするには巨額のお金が必要になります。この軍事費をつくるために、政府は新しい税を創設したり、何度も増税を行ったりしました。

それだけでは足りず、政府は**国債**（→40ページ）をどんどん発行し、軍事費にあてました。しかし、1945年（昭和20年）に戦争が終わると、国債は紙きれ同然の価値しか持たなくなってしまいました。

ちなみに、現在の国債は電子化されているため紙ではありません。

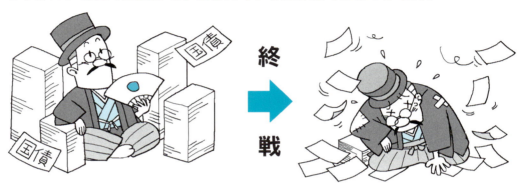

昭和時代

●● ぜいたく品にかけられた物品税の登場 ●●

戦争に必要なお金を得るために、政府は新たな税も創設しました。その中に「**物品税**」というものがありました。特定の奢侈品（ぜいたく品）にかけられた消費税のことで「奢侈税」とも呼ばれました。

政府はまず1937年（昭和12年）に「物品特別税」を設けると、宝石や貴金属に税金をかけました。1940年（昭和15年）には「物品税法」という法律を定め、ほかのぜいたく品へと対象を広げて、税率も引き上げました。自動車や電気製品など、あらゆるものが対象となりましたが、1989年（平成元年）に**消費税**が導入されたことにともない、この税は廃止となりました。

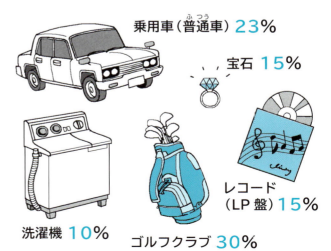

乗用車（普通車）23％
宝石 15％
レコード（LP盤）15％
洗濯機 10％
ゴルフクラブ 30％

第1章 税金って何だ？　27

戦後の混乱期と納税の義務化

戦争中、日本銀行はたくさんのお札を刷って政府から直接、国債を買いました。そのため、大量のお札が世の中に出回ってしまい、お金の価値が下がりました。この影響で戦争が終わってまもなく、日本は物の値段が上がり続ける「**インフレ**」という状態におちいりました。同じ物の値段が、1945年（昭和20年）からの数年間で、80倍ほどにはね上がったのです。

そんな戦後の混乱が続く中、1946年には「**日本国憲法**」が公布され、納税の義務が勤労の義務、教育の義務とともに「**国民の三大義務**」として位置づけられました（➡16ページ）。次の年には、納税者が自分の税金の額を計算して申告し、税金を納める「**申告納税制度**」がはじまりました。

郵便料金（封書）10銭 ➡ 8円 に

●● シャウプ勧告 ●●

1949年（昭和24年）5月、アメリカ・コロンビア大学教授のシャウプ博士がひきいる「シャウプ使節団」が日本をおとずれ、約4カ月にわたって調査と研究を行いました。

終戦からまもない当時の日本はインフレにおちいり、経済的にも混乱していました。そこで、シャウプ使節団が税金の制度を立て直すための方針をまとめた「**シャウプ勧告**」をつくり、日本の政府に提出しました。

この勧告には、直接税（➡72ページ）中心の制度にすることや、地方自治体の財政を強化することなどがもりこまれていました。1950年には、これに基づいた税の制度がつくられ、何度か改正を重ねて現在のしくみが完成します。

シャウプ

昭和時代

●●少子高齢化と消費税のはじまり●●

　日本は、少子化と高齢化によって、人口が減少しつつあります。働く人の数も減ってしまうわけですから、納める税金も当然少なくなります。このままでは国が成り立たなくなるため、対策として、収入の多い・少ないにかかわらず等しく税金を納めてもらう「消費税」がはじまりました。

　消費税は、商品やサービスの消費にかけられる税金のことです。1989年（平成元年）に商品やサービスの3％からはじまった税率は、1997年（平成9年）に5％、2014年（平成26年）には8％に引き上げられました。

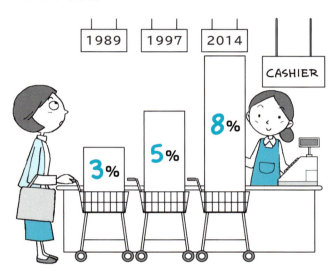

現代

アメリカ独立は税金が原因

　アメリカがまだイギリスの植民地だった1765年、イギリスの議会は「印紙法」という法律をつくり、売買契約書や新聞、卒業証書、トランプなど、あらゆる印刷物に「印紙」を貼らせました。印紙とは国が発行する証紙のことで、書類に貼れば税金を納めた証明になります（→93ページ）。イギリス政府は、この印紙代を税金として取り立てたのです。

　アメリカの人々は「自分たちの代表が一人もいないイギリスの議会で、税金が決められるのはおかしい」といきどおり、1766年に印紙法は廃止されます。ところがイギリスは、今度はお茶に税金をかけてきました。この反発がきっかけとなり、アメリカはイギリスからの独立を目指す「アメリカ独立戦争」へとつき進んでいきました。

第1章 税金って何だ？　29

世界のユニークな税金

税金は時代だけでなく、国によってもずいぶん違った形をしています。世界には、意外なものに税金がかけられているケースがあります。ユニークな税金が生まれた背景や目的についても、考えてみましょう。

イギリス

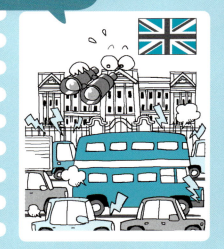

ロンドンの渋滞税

道路の渋滞が社会問題となっていたイギリスのロンドンでは、2003年から「渋滞税」を徴収するようになりました。最初に対象になったのは、バッキンガム宮殿などがある中心地で、ここを通るドライバーは、ガソリンスタンドやインターネットなどで前もって税金を払い、自動車のナンバーを登録します。そして各所に置かれたカメラが、違反者を取りしまるのです。ただし、消防車や救急車といった緊急車両などは、対象からはずされました。

ハンガリー

ポテトチップス税

肥満になやむ人の割合が高いことが問題視されてきたハンガリーでは、2011年に「国民健康製品税」（別名「ポテトチップス税」）が導入されました。

塩分や糖分、カフェインを多く含み、とり過ぎると健康に影響をおよぼす可能性のある食べ物や飲み物（ポテトチップスやアイスクリーム、ソフトドリンクなど）が課税の対象になりました。

デンマーク

脂肪税

2011年、デンマーク政府は「国民の健康を守るため」として、とり過ぎると肥満の原因にもなる飽和脂肪酸を一定の割合以上含む食品に、「脂肪税」という税金をかけることにしました。

「世界でも初めての試み」として注目された脂肪税ですが、対象となったバターやチーズなどの値上がりに国民が不満の声をあげ、結局1年後に廃止されました。

中国

月餅税

2011年、個人所得に関する条例の改正が行われた中国では、「月餅税」が話題になりました。中国では旧暦8月15日の「中秋節」に、月餅という丸い焼き菓子を家族で食べながらお月見をします。お世話になった人に月餅をおくる習慣もあり、中には高額なものもあります。

会社の中には、社員に月餅を配るところもあるのですが、これが改正された条例に出てくる「現物で支給された所得」にあたるとして、月餅にも税金がかかるという話が浮上したのです。実際に払った人がいたかどうかは定かではありませんが、中国の国民からは、猛反発の声があがりました。

ドイツ

犬保有税

ドイツには、犬の飼い主に課せられる「犬保有税」があります。1810年から続く歴史の古い税金で、犬の数が増えすぎるのをおさえることを目的とし、税のくわしい内容は自治体ごとに異なります。

犬税はかつて、日本にも存在しました。長野県のある村では犬1頭につき300円の税金をかけ、1年に15万円ほどの収入を得ていましたが、1982年（昭和57年）、この村を最後に犬税はなくなりました。

江戸時代以降、日本ではあらゆるものに税金がかけられ、明治時代には、うさぎ1羽につき月1円を課す「うさぎ税」というものもありました。

コラム

古代エジプトにも税があった!?

　税の歴史は、3000年以上前にはじまったとされています。

　古代エジプトでは、支配者が建設に必要な費用を税として集め、人々に労働を提供させることでピラミッドを築きました。このような労働も「労役」という税の一種です。中国の万里の長城も、同じようにしてつくられたといわれています。

　また、古代ローマでは、戦争に必要な費用をローマ市民に税として負担させていましたが、まもなく廃止されました。中世には、支配下にあった属州の人々には収穫高の10分の1を納める「十分の一税」や、国が所有する土地を使用する際にかかる税など、さまざまな税が課せられました。

　古代ギリシャにも財産税や、兵士として任務につく「兵役」などの税が存在しました。

　南アメリカのアンデス高原で栄えたインカ帝国でも、兵役や国の土木工事、皇帝が所有する田畑の耕作といった労働が人々に課され、これらは「ミタ」と呼ばれました。

第2章 税金の使い道を知ろう

第 2 章で 学ぶこと

第2章では、私たちの暮らしに深くかかわっている「財政」について、そのしくみや機能を学べます。また、国民から集めた税金の使い道についても知ることができます。

「財政」って何のこと？

➡ **財政って何？** ………………………………………… 36 ページ

「歳入」「歳出」って何？

➡ **財政には歳入と歳出がある** …………………………… 37 ページ

日本にはたくさんの借金があるって本当？

➡ **どんどんふくらむ国の借金** …………………………… 40 ページ

税金の使い道はどうやって決めているの？

➡ **税金の使い道はどうやって決める？** ………………… 42 ページ

税金の使い道で最も多いのは何？

➡ **歳出で多いのは社会保障費** …………………………… 44 ページ

働けずに生活に困っている人のために、税金が使われているって本当？

➡ **生活保護費が増えている** ……………………………… 45 ページ

公園の整備にも税金が使われているの？

➡ **暮らしに役立つインフラを作る** ……………………… 46 ページ

災害の復旧や防災のためにも、税金は使われているの？

➡ **災害から立ち直るためのお金** ……………………………… 48 ページ

太陽光や風力などの新エネルギーの開発にも、
税金が使われているの？

➡ **地球環境を守るためのお金** ……………………………… 50 ページ

私たちが学校に行けるのは、税金のおかげなの？

➡ **みんなが安心して学校に行けるのは？** ……………… 52 ページ

学校の先生のお給料も税金から支払われているの？

➡ **義務教育にかかるお金** ……………………………………… 52 ページ

税金が日本の宇宙開発や科学技術の研究を支えているって本当？

➡ **ロケットの打ち上げも税金？** ……………………………… 54 ページ

私たちの暮らしに必要なサービスは、
国の仕事？ 地方の仕事？

➡ **国の仕事・地方の仕事** ……………………………………… 58 ページ

近年、公共サービスが次々と民営化されるのは、どうして？

➡ **進む公共サービスの民営化** ……………………………… 60 ページ

第2章 税金の使い道を知ろう　35

財政のしくみを知ろう

私たちの暮らしには、「財政」が深くかかわっています。水道の蛇口から水が出るのは財政によるものですし、道路や橋も財政があるから建設できるのです。では、財政とはいったい何を表しているのでしょうか？

財政って何？

国や地方自治体が行う経済活動（収入を得て、支出すること）を、「**財政**」といいます。家計や企業、政府が右の図のような関係となって、国の経済が循環しています。このうち、政府を介して家計や企業とかかわっている部分が財政です。

ちなみに、英語で財政にあたる言葉は、「public finance（パブリック ファイナンス）」です。直訳すると、「公（おおやけ）のお金の動き」となります。公とは「みんなにオープンな状態」をいいますから、財政は「みんなのお金をみんなのために使うしくみ」といいかえることができるのです。

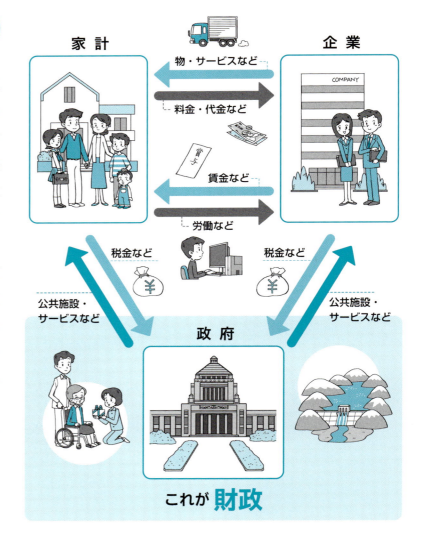

36

財政には歳入と歳出がある

財政を行うには、まず国民（市民・住民）から、お金を集めなければいけません。この集めたお金が「歳入」で、使ったお金が「歳出」です。財政は、「お金もうけをしない」というのが基本です。つまり、歳入額と歳出額は同じでないといけません。

日本の歳入額と歳出額は90兆円超

右の図は、2016年度の日本の歳入と歳出を表したものです。歳入の総額と歳出の総額が、96兆7218億円で同じであることがわかるでしょう。

しかし、歳入をよく見ると、国債などの「公債金」が4割近くを占めています。40ページでくわしく説明しますが、公債金は簡単にいうと「借金」です。つまり、日本は使うお金の約半分を借金でまかなっている国といえます。

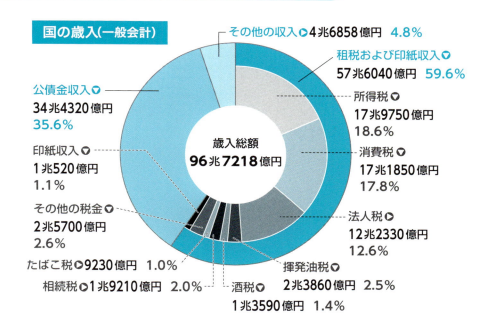

国の歳入（一般会計）
歳入総額 96兆7218億円
- その他の収入 4兆6858億円 4.8%
- 租税および印紙収入 57兆6040億円 59.6%
- 所得税 17兆9750億円 18.6%
- 消費税 17兆1850億円 17.8%
- 法人税 12兆2330億円 12.6%
- 揮発油税 2兆3860億円 2.5%
- 酒税 1兆3590億円 1.4%
- 相続税 1兆9210億円 2.0%
- たばこ税 9230億円 1.0%
- その他の税金 2兆5700億円 2.6%
- 印紙収入 1兆520億円 1.1%
- 公債金収入 34兆4320億円 35.6%

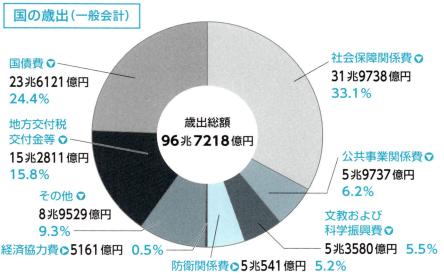

国の歳出（一般会計）
歳出総額 96兆7218億円
- 社会保障関係費 31兆9738億円 33.1%
- 公共事業関係費 5兆9737億円 6.2%
- 文教および科学振興費 5兆3580億円 5.5%
- 防衛関係費 5兆541億円 5.2%
- 経済協力費 5161億円 0.5%
- その他 8兆9529億円 9.3%
- 地方交付税交付金等 15兆2811億円 15.8%
- 国債費 23兆6121億円 24.4%

※国税庁ホームページより（当初予算）

第2章 税金の使い道を知ろう

財政の3つの機能

国や地方自治体の経済活動である「財政」は、国民から集めた税金を必要に応じて国民に再分配するためのしくみです。財政には、大きく分けて「資源配分の調整」「所得の再分配」「経済の安定化」の3つの機能があると考えられています。

❶ 資源配分の調整

警察、消防、医療、教育、社会保障などのサービスや、道路、上下水道、公園などの施設は、私たちの生活を守り、その質を向上させるために必要なものです。しかし、利益の追求を目的とする民間の経済活動だけにまかせていては、これらを社会に十分に行きわたらせることはできません。国や地方自治体がすべての人に公共サービス・施設を提供するためには財政が不可欠です。

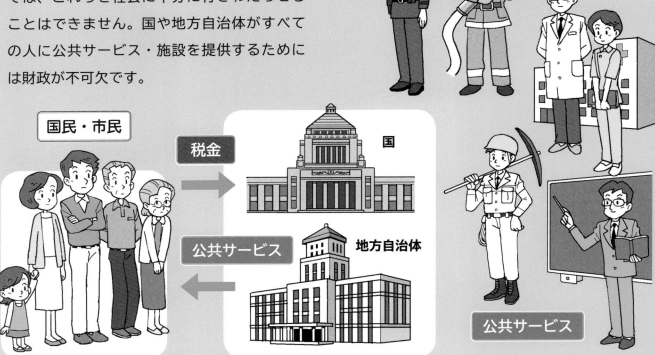

❷ 所得の再分配

　所得の高い人と低い人の経済格差は、そのまま放置すれば拡大するばかりです。財政には、格差が行き過ぎないように、所得の高い人からより多くの税金を徴収し、必要に応じて所得の低い人に分配するという機能もあります。

　例えば、歳入（国の収入）面では、所得が高くなるほど税の負担も大きくなる「累進課税」（➡ 75 ページ）というしくみが所得税などに採用されています。また、歳出（国の支出）面では、所得が低く自力で生活できない人にお金を支給する「生活保護」（➡ 45 ページ）などの社会保障があります。

❸ 経済の安定化

　景気を調整し、経済を安定させることも財政のやくわりです。例えば、景気がよい時には増税によって税の負担を増やすことで景気の過熱をおさえ、景気が悪い時には減税で税の負担を減らすことで景気の落ち込みをおさえます。

景気の悪い時は、「減税」という燃料をたいて景気を浮上させる

景気のよい時は、「増税」という重もりをつるして、景気をおさえる

　これらの 3 つは、14 ページの「税金の 3 つのやくわり」と重なります。それは、財政の機能を果たすために税金が不可欠だからです。

税金以外の歳入には、どんなものがある？

日本の財政は長い間、歳出が税収（税金による収入）を上回る「財政赤字」の状態が続いています。国や地方自治体は「公債」と呼ばれる借金によって、なんとか足りないお金をやりくりしています。

国債・地方債って何？

政策を実行するための資金や、税収の不足分の穴うめのために、国や地方自治体は「公債」とよばれる債券（借金の証明書）を発行して、金融機関や国民からお金を集めています。国が発行する債券は「国債」、地方自治体が発行する債券は「地方債」といいます。

どんどんふくらむ国の借金

日本の歳入（国の収入）の約6割は税収ですが、残りの約4割は国債の発行で得られた公債金＊で占められています（→37ページの図）。長引く不況や高齢化社会の影響で、税収は伸びなやんでいます。その一方で、歳出では**社会保障費**（→44ページ）が急速に増えていて、歳出の伸びに税収が追いついていません。

2016年度（平成28年度）末の公債残高は、約838兆円と見込まれています。これは、国民1人あたり約664万円の借金となります。こうした借金の返済と利子の支払い（国債費）には税金が使われており、その額は税収の約15年分になります。将来の世代に負担を先送りにしないためにも、財政の見直しが緊急の課題となっています。

＊公債は国債と地方債を指しますが、公債金は国債のみを指します。

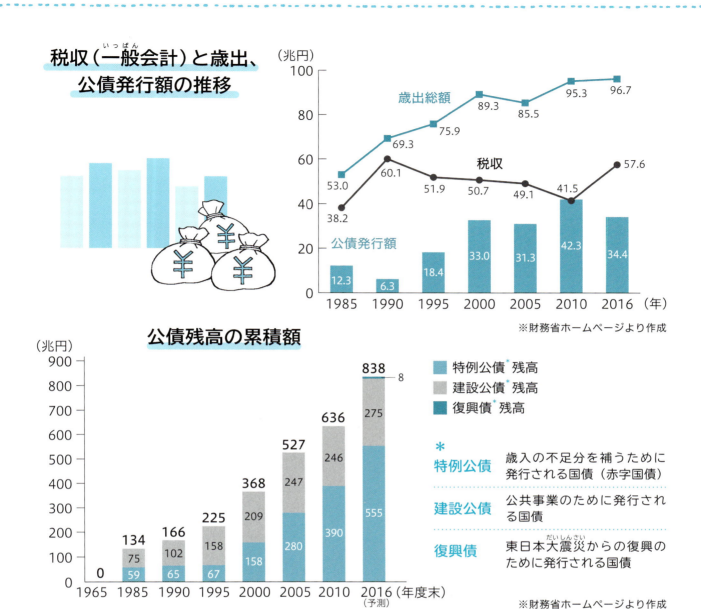

財政投融資とは？

　国債には、「普通国債」のほかに「財投債（財政投融資特別会計国債）」があります。財投債の発行で得たお金は、地方自治体や独立行政法人などを通じて中小企業や農林水産業、教育、福祉・医療など、公共の利益にはなっても民間の金融機関では資金提供がむずかしい分野に貸しつけられたり、投資された

りします。これを「**財政投融資**」といいます。
　普通国債は借りたお金の返済や利子の支払いに将来の税収をあてています。これに対して、財投債は貸しつけたり投資したりした資金の回収を前提としているため、税の負担をおさえるとされています。

第 2 章　税金の使い道を知ろう　　41

税金の使い道はどうやって決める?

国の政策は、費用と財源についてあらかじめ計算した「予算」にそって進められています。予算には、私たちが納める税金のしくみや使い道、さらには国の政治の進め方が反映されています。では、予算は、誰がどこでどのようにして決めているのでしょうか?

予算って何?

1年間における歳入(国の収入)と歳出(国の支出)の見積もりのことを「予算」といいます。予算は、4月1日から翌年の3月31日までを1年度(会計年度)として、毎年新しく作られています。政府(内閣)が予算のもととなる予算案を作成し、国会での話し合いと決定を経て、予算が成立します。

予算成立までの道のり

5~8月　各省庁 ❶
1年間に必要な支出と収入を見積もり、財務省に提出する

9~12月　財務省 ❷
各省庁の予算案の内容をチェックし、調整を行う

1月　国会 ❹
政府の予算案について話し合う

2月~3月　成立 ❺

| 5 | 6 | 7 | 8 | 9 | 10 | 11 | 12 | 1 | 2 | 3 |

12~1月　内閣 ❸
財務省がまとめた予算案をもとに政府の予算案を決め、国会に提出する

国会内での流れ

衆議院予算委員会 ➡ 衆議院本会議
　　　　　　　　　↓ 可決
参議院予算委員会 ➡ 参議院本会議 → 可決 → 予算成立
　　　　　　　　　↓ 否決
30日以内に採決しない　両院協議会 —一致→ 衆議院本会議・参議院本会議で再可決 → 予算成立
　　　　　　　　　↓ 決裂
　　　　　　　　衆議院で再可決

予算は国会で決める

日本の国会は、**衆議院**と**参議院**の**二院制**です。政府の予算案は、まず衆議院に提出され、**予算委員会**で採決をした後、**本会議**で最終的な採決をします。その後、参議院でも同様の手続きを経て予算は成立します。衆議院と参議院の決定が異なった場合は両院協議会を行い、それでも一致しない場合は衆議院で再可決すれば成立します。

予算委員会では、国会議員の中から選ばれた予算委員が税の使い道や金額、しくみなどに対して意見を述べたり、質問をしたり、予算の修正を求めたりします。委員会で採決された後は、全議員が出席する本会議で採決をします。

一般会計と特別会計

国の予算には、「**一般会計**」と「**特別会計**」の2つがあります。

一般会計とは国の基本的な会計のことで、社会保障や教育、防衛などにかかわる予算です。単に「予算」という時は一般会計のことをさします。一方、特別会計とは、国による特定の事業や資金運用のために一般会計と区別してつくられた会計のことで、道路や空港の整備、国民年金、財政投融資（➡41ページ）などにかかわる予算です。

一般会計は原則としてすべて税金でまかないますが、特別会計には年金保険料など、税金以外の財源があります。

一般会計
国の基本的な会計
社会保障、公共事業、文教および科学振興、防衛、国債費、地方交付税交付金

➡ 税金でまかなうのが原則

特別会計
国による特定の事業や資金運用のための会計
道路や空港、国民年金、労働保険、財政投融資、東日本大震災復興費など

➡ 税金＋その他の財源（年金保険料など）

第2章 税金の使い道を知ろう 43

歳出で多いのは社会保障費

病気やけが、失業などによって、自分の力だけで生活することがとてもむずかしくなったとき、国が生活を支えてくれる制度を「社会保障」といいます。社会保障には、どのようなものがあるのか見てみましょう。

社会保障費とは？

社会保障は、国民みんなでお金を出しあって助けを必要としている人に使う、助けあいのしくみです。国民から集めた税金や保険料などが、その財源となっています。

社会保障には、**医療保険**、**年金**、**介護保険**、**生活保護**、**雇用保険**などがあり、私たちの生活の広い範囲をカバーしています。

例えば、私たちが病気やけがをして病院で治療を受けるとき、健康保険証を持っていれば医療費の支払いは一部ですみます。これは医療保険のおかげです。ほかにも、保育園や予防接種など、子どもを持つ親を支えるしくみや、身体が不自由な人を助けるしくみなどにも社会保障のお金が使われています。

国民1人あたりの年間医療費は？

社会保障に使うお金は、歳出の中でもっとも大きい割合を占めていて、予算全体の3割を超えています（➡37ページの図）。中でも目立って増えているのが、高齢化社会の影響を直接受ける**医療保険**、**年金**、**介護保険**などです。

国民1人あたりの医療費は30万円を超え（2014年度）、高齢者の数に比例して今後さらにふくれあがることが予想されています。

こうした医療費などの急な伸びに経済の成長はまったく追いついておらず、財政が苦しい状態となっています（➡127ページ）。

生活保護費が増えている

日本国憲法第25条では、すべての国民に「健康で文化的な最低限度の生活を営む権利」（**生存権**）を保障しています。病気で働けないなど、生活に困っている人たちを社会全体で助ける「**生活保護**」というしくみは、この生存権が基本となっています。生活保護が認められると、医療や介護が無料となり、家族構成や経済状態などによって生活費、家賃、教育費などのお金が国から支給されます。こうしたお金にも、税金が使われています。

不況と高齢化の影響で、生活保護の受給者が増えている一方で、「**不正受給**」（収入や障害の有無などウソの申告をして生活保護を不正に受給すること）を防ぐために、受給資格の審査は年々きびしくなっています。

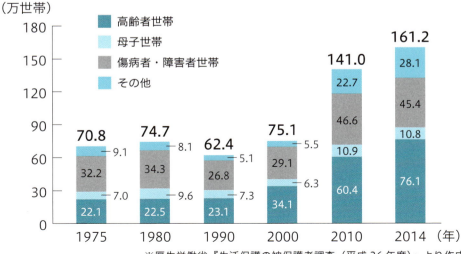

第2章 税金の使い道を知ろう

公共事業って何？

道路や下水道など、私たちの生活に必要なさまざまな設備の整備にも、公共事業として税金が使われています。最近は、古くなった設備の点検や修理、災害からの復旧や防災のための公共事業も増えています。

暮らしに役立つインフラを作る

私たちの日常生活や産業の土台となる公共的な設備を「**インフラ**」といいます。インフラとは、英語で「社会資本」や「基盤」を意味する「インフラストラクチャー（infrastructure）」の略語です。インフラの整備のために、国や地方自治体が税金を使って大規模な施設をつくったり、運営したりすることを「**公共事業**」といいます。

公共事業関係費の内訳（平成28年度当初予算）

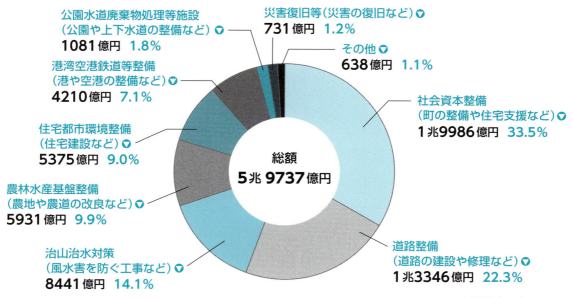

- 公園水道廃棄物処理等施設（公園や上下水道の整備など） 1081億円 1.8%
- 港湾空港鉄道等整備（港や空港の整備など） 4210億円 7.1%
- 住宅都市環境整備（住宅建設など） 5375億円 9.0%
- 農林水産基盤整備（農地や農道の改良など） 5931億円 9.9%
- 治山治水対策（風水害を防ぐ工事など） 8441億円 14.1%
- 災害復旧等（災害の復旧など） 731億円 1.2%
- その他 638億円 1.1%
- 社会資本整備（町の整備や住宅支援など） 1兆9986億円 33.5%
- 道路整備（道路の建設や修理など） 1兆3346億円 22.3%

総額 5兆9737億円

※国税庁のホームページより

46

さまざまな公共事業

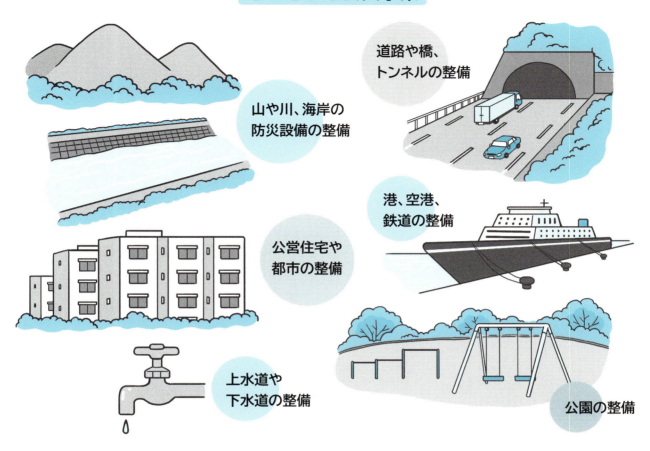

こんなものも公共事業

　1960年代、高度経済成長期の日本では、経済のめざましい発展とともに、高速道路や鉄道、トンネルの建設など大規模な公共事業がたくさん行われ、インフラ整備が急速に進みました。それから約50年がたち、これらの設備が古くなっていて、点検や修理、取り替えのための公共事業が増える傾向にあります。

　また、大規模な自然災害からの復旧や防災のための公共事業（➡48ページ）や、経済を元気にするための公共事業もあります。ここ数年、あいついで開通した北陸、北海道、九州の新幹線は、地方の経済を活性化させる効果が期待されています。

新函館北斗駅での北海道新幹線の出発式（毎日新聞社提供）

第2章　税金の使い道を知ろう　47

災害から立ち直るためのお金

日本は自然災害の多い国です。2011年の東日本大震災や、2016年の熊本地震などの大規模な災害では、被害の範囲が広く、被災者も多いため、復興には長い年月とばく大なお金がかかります。そのための特別な予算が組まれたりすることもあります。

復興基本法と復興特別税

東日本大震災が起きた2011年、復興のために税金をどう使うかについて取り決めた「**東日本大震災復興基本法**」が制定されました。さらに、復興の財源として「**復興特別税**」がつくられ、所得税（→74ページ）や法人税（→81ページ）、住民税（→96ページ）の増税が決まりました。なお、これらの税の使い道は被災地の復興に限定されています。

復興特別税の種類

税の種類	増税の内容	期間
復興特別所得税	所得税×2.1%	2013年1月1日から25年間
復興特別法人税	法人税×10%	2012年4月1日から3年間（当初予定*）
住民税	+1000円	2014年度から10年間

＊予定より1年早く廃止

東日本大震災の復興作業の様子
（フォトライブラリー提供）

災害復旧と防災のために

　災害からの復旧だけでなく、これから起きる災害にそなえた設備の補強など、防災対策も積極的に進められています。こうした復旧と防災のために組まれた特別な予算を「復興予算」といいます（➡122ページ）。

復興予算の使い道

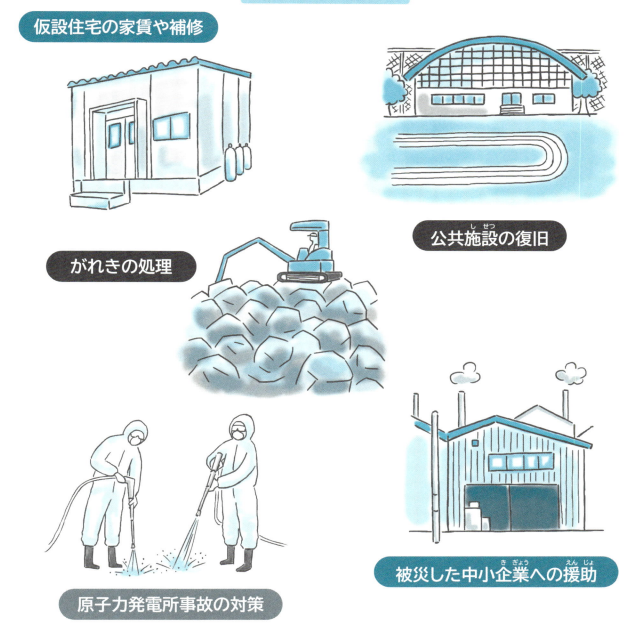

- 仮設住宅の家賃や補修
- 公共施設の復旧
- がれきの処理
- 原子力発電所事故の対策
- 被災した中小企業への援助

地球環境を守るためのお金

私たちの便利で快適な生活は、一方で化石燃料を消費し、地球温暖化の原因となるCO_2などの温室効果ガスをたくさん出しています。そこで、温室効果ガスの排出量を削減するための技術開発などにも、税金が使われています。

環境のための公共事業

CO_2（二酸化炭素）をはじめとする温室効果ガスの排出量を減らすことが、国際的な課題です。日本も国をあげて地球温暖化対策に取り組んでいます。中でも力を入れているのが、省エネルギー技術の導入です。化石燃料（石油、石炭、天然ガスなど）の消費量を減らすことは、温室効果ガスの排出量をおさえることにつながるからです。

また、化石燃料の代わりとなる**再生可能エネルギー**（太陽光、風力、水力、地熱、バイオマスなど）の導入や技術開発にも力を入れています。

国は税金を使って、省エネルギー化のための設備や、電気自動車などのクリーンエネルギー自動車、再生可能エネルギーなどの導入に補助金を出しています。また、環境にやさしい次世代のエネルギーの開発にも、税金が投入されています。

世界のCO₂排出量（2013年）

（単位：百万トン［エネルギー起源］）

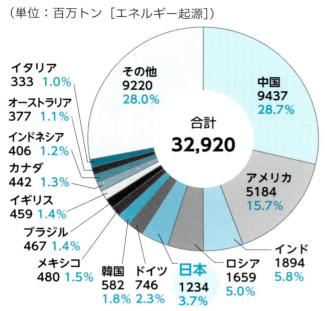

国	排出量	割合
中国	9437	28.7%
アメリカ	5184	15.7%
インド	1894	5.8%
ロシア	1659	5.0%
日本	1234	3.7%
ドイツ	746	2.3%
韓国	582	1.8%
メキシコ	480	1.5%
ブラジル	467	1.4%
イギリス	459	1.4%
カナダ	442	1.3%
インドネシア	406	1.2%
オーストラリア	377	1.1%
イタリア	333	1.0%
その他	9220	28.0%
合計	32,920	

※出典：EDMC『エネルギー・経済統計要覧2016年版』（全国地球温暖化防止活動推進センターホームページより）

主要国のCO₂排出量削減目標

日本	2030年度までに26％削減（2013年度比）
中国	2030年までに60〜65％削減（GDPあたり排出量、2005年比）
EU	2030年までに40％削減（1990年比）
インド	2030年までに33〜35％削減（GDPあたり排出量、2005年比）
ロシア	2030年までに70〜75％に抑制（1990年比）
アメリカ	2025年までに26〜28％削減（2005年比）

※国連気候変動枠組条約に提出された約束草案より抜粋（全国地球温暖化防止活動推進センターホームページより）

環境技術開発をお金の面から支える

1990年代以降、地球温暖化対策としてヨーロッパ諸国を中心に導入され、効果を上げているのがCO₂を出す化石燃料への課税です。

日本でも、2012年から「**地球温暖化対策のための税**」が導入され、化石燃料に対して、CO₂の排出量に応じた税金が課せられています。実際に税金を払うのは化石燃料を使っている企業ですが、私たちの家計にも1カ月で100円程度の負担がかかると考えられています。なお、この税金による収入は、幅広い分野におけるCO₂の排出量を減らすための対策に使われます。

世界のおもな温暖化対策税

1990年代
- フィンランド　炭素税
- スウェーデン、ノルウェー、デンマーク　二酸化炭素税
- オランダ　一般燃料税、規制エネルギー税

2000年代
- イギリス　気候変動税
- オランダ　エネルギー税
- フランス　石炭税
- スイス　二酸化炭素税

2010年代
- アイルランド　炭素税
- 日本　地球温暖化対策のための税

※環境省の資料より

第2章　税金の使い道を知ろう

みんなが安心して学校に行けるのは？

未来をになう子どもたちのために、学校教育は不可欠な制度です。みんなが安心して学べるように、義務教育をはじめ、高校の授業料の無償化、奨学金などの制度が税金を使って整えられています。

義務教育にかかるお金

日本国憲法第26条では、すべての国民に教育を受ける権利があり、保護者には子どもに教育を受けさせる義務があるとしています。

日本では、小・中学校の9年間が**義務教育**となっていて、公立の小・中学校の授業料や教科書の代金は無料です。これらは税金でまかなわれています。

ほかにも、先生の給料や、実験器具、パソコン、体育用具などの備品、校舎や体育館、プールなど施設の建設や増改築にも、税金が使われています。なお、民間がつくった私立学校では、授業料は有料ですが、授業料の一部には補助金という形で税金が使われています。

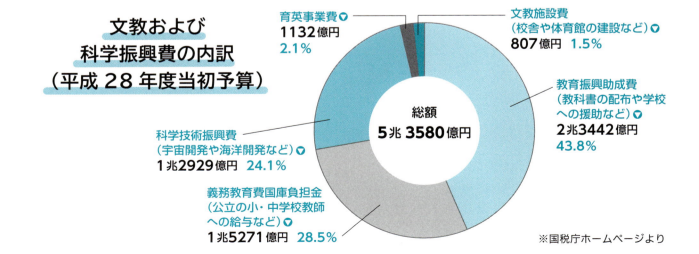

文教および科学振興費の内訳（平成28年度当初予算）

- 育英事業費 1132億円 2.1%
- 文教施設費（校舎や体育館の建設など） 807億円 1.5%
- 教育振興助成費（教科書の配布や学校への援助など） 2兆3442億円 43.8%
- 義務教育費国庫負担金（公立の小・中学校教師への給与など） 1兆5271億円 28.5%
- 科学技術振興費（宇宙開発や海洋開発など） 1兆2929億円 24.1%
- 総額 5兆3580億円

※国税庁ホームページより

体育館の建設費も備品代も税金でまかなわれている

先生の給料も、校舎の建設費なども税金でまかなわれている

高校授業料の無償化

　日本では現在、9割以上の人が高校に進学しますが、高校は義務教育ではないため、進学にはお金がかかります。中には経済的な理由により、進学をあきらめる人や中退する人もいます。

　みんながお金のことを気にせず、安心して勉強にうちこめるようにと、2010年度（平成22年度）から公立高校における授業料が無料となりました。私立高校でも、生徒の家庭の収入に応じてお金が支給されます。

　こうした新しい制度にも、多くの税金が使われています。

学費のない人の補助

　経済的な理由で進学がむずかしい人に、学費（奨学金）を貸してくれるしくみを「**奨学金制度**」といいます。また、国や自治体による公的な奨学金に使われるお金のことを「**育英事業費**」といいます。

　大学生などを対象にした公的な奨学金には、利子がつくものと利子がつかないものがありますが、いずれも卒業後に返済しなければなりません。しかし、近年では卒業しても就職できなかったり、十分な収入を得られなかったりして奨学金を返済できない人も増えています。奨学金の滞納（決められた期限までに支払わないこと）が社会問題化する中で、卒業後の収入額に応じた返済方法や、返済の必要が無い奨学金を取り入れることについても検討が行われています。

第2章　税金の使い道を知ろう　53

ロケットの打ち上げも税金？

ロケットやスーパーコンピュータなど、科学技術の分野における国家レベルの大規模な研究開発には、長い時間とばく大なお金がかかります。日本の国際的な競争力を高め、将来の私たちの生活に役立たせるために、こうした研究開発にも税金が使われています。

技術立国・日本

日本は「技術立国」といわれています。技術立国とは、高い技術力によって国を繁栄させる、という意味です。

資源にとぼしい日本は、鉄や原油などの原材料を海外から輸入し、それを自動車や精密機械などの製品に加工して輸出することで産業を発展させてきました。それによって、世界トップレベルの技術力も築きあげてきました。こうした技術力の高さを維持し、さらに発展させていくことは、日本の将来のためにも不可欠と考えられています。

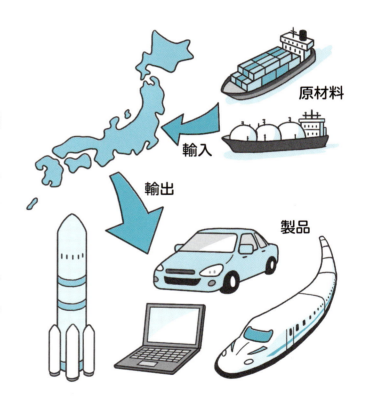

科学技術振興費とは？

宇宙開発など科学技術の分野は、あまりにも規模が大きいため、すぐには結果やもうけができません。民間だけで取り組むにはリスクが高すぎることから、国が技術開発のための支援を行って

います。そのためのお金を「**科学技術振興費**」といいます（→ 52 ページの図）。

科学技術振興費は、新型ロケットなどの宇宙開発、海洋資源調査、スーパーコンピュータといった幅広い分野における研究開発に役立てられています。

日本の科学技術関係予算の推移

※内閣府の資料より（総額には補正予算、予備費、地方公共団体分なども含む）

日本の科学技術関係予算のおもな研究費（平成28年度概算要求）

ライフサイエンス	2988 億円
情報通信	916 億円
環境	1031 億円
ナノテクノロジー・材料	230 億円
エネルギー	6626 億円
ものづくり技術	147 億円

※内閣府の資料より

スーパーコンピュータの開発競争

超高速で計算ができる大規模で高性能なコンピュータを「**スーパーコンピュータ**」といいます。スーパーコンピュータは、医療、気象予測、自動車の新製品開発、宇宙開発など、あらゆる分野で活躍しています。

国家プロジェクトとして開発が進められ、2012年（平成24年）に完成した「京」は、世界トップクラスのスーパーコンピュータで、1秒間に1京回の計算が可能です。日本は、

スーパーコンピュータ「京」（理化学研究所提供）

アメリカや中国といった大国を相手に、スーパーコンピュータの開発競争をくり広げています。「京」をはるかに上回る性能を備えた次世代のスーパーコンピュータの開発も進められており、国際的な激しい開発競争は今後さらに加速するとみられています。

平和や国際貢献のために

日本は国際社会の一員として、世界平和の維持や国際貢献のためにも税金を使っています。他国の攻撃から国を守るための防衛費や、日本に駐留するアメリカ軍の経費、そして開発途上国を経済的に援助するためにも、毎年多くの予算が組まれています。

国を守るための防衛費

日本は、永久に戦争をしないこと、軍隊をもたないことを日本国憲法第9条で宣言しています。しかし、他国の攻撃から国を守るための「自衛隊」が存在し、自衛隊の人件費をはじめ、武器装備や訓練、通信機器などに、「**防衛費**」として1年間に約5兆円の税金を使っています。

自衛隊については、憲法9条の解釈をめぐってさまざまな議論がありますが、近年は海外派遣も行われるようになるなど、その活動範囲はどんどん広がっています。

防衛関係費の推移

年	億円
1998	49394
2003	49527
2008	47796
2013	47538
2014	48848

※防衛省・自衛隊ホームページより作成

アメリカ軍への思いやり予算

日本とアメリカの間で結ばれた「日米安全保障条約」という取り決めに基づいて、日本各地には、アメリカ軍の基地が置かれています。防衛費には、こうした在日米軍のための経費も含まれています。例えば、米軍基地で働く従業員の給料や、米軍家族住宅の建設費や光熱水費、訓練の移転費なども日本国民の税金でまかなわれており、「思いやり予算」と呼ばれています。

在日米軍駐留経費負担の推移（歳出ベース）

※防衛省・自衛隊ホームページより作成

途上国への経済支援

開発途上国に対する公的な経済支援を「政府開発援助（ODA）」といいます。日本はこれまで、ODAを通じてアジアや中東、アフリカの国々や地域にお金や技術を提供し、学校、病院、上下水道、道路、鉄道といったインフラを整備したり、日本から技術者を派遣したりしてきました。

日本のODA援助額は、かつて世界一でしたが、現在（2014年度）は世界5位です。きびしい財政の中、税金を使って他国を援助することへの批判もありますが、途上国は日本製品の将来のマーケットとしても期待されており、ODAは日本の利益にも結びついています。

日本のODA実績の推移（支出純額ベース）

※出典：OECD／DAC（外務省ホームページより）

第2章 税金の使い道を知ろう 57

国の仕事・地方の仕事

保育、教育、警察、消防、ごみの収集など、私たちの暮らしに直結する身近な行政サービスは、国ではなく地方自治体が行っています。地方自治体の仕事と、地方財政のしくみを見てみましょう。

 ## 国税の一部を地方に回す

地方自治体は、住民に公共サービスを提供するために、国の税金とは別に「**地方税**」を集めています。しかし、地方税の収入はその地域の産業や人口などによって異なります。地方自治体によって行政サービスに格差が生じないように、国は国民から集めた税金の一部を地方自治体に戻しています。このお金を「**地方交付税交付金**」といい、2016年（平成28年）現在、都道府県では東京都以外のすべての道府県に配られています。

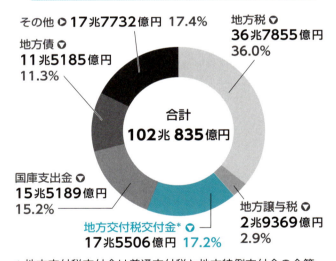

地方自治体の歳入（2014年度）

- その他 17兆7732億円 17.4%
- 地方債 11兆5185億円 11.3%
- 国庫支出金 15兆5189億円 15.2%
- 地方交付税交付金* 17兆5506億円 17.2%
- 地方譲与税 2兆9369億円 2.9%
- 地方税 36兆7855億円 36.0%
- 合計 102兆835億円

＊地方交付税交付金は普通交付税と地方特例交付金の合算
※総務省編『平成28年版地方財政白書』より

 ## 国と地方では仕事ややくわりがちがう

国と地方自治体は、それぞれのやくわりに応じて仕事を分担しています。地域の仕事は市区町村の担当ですが、いくつもの市区町村にまたがる仕事や国との連絡は都道府県の担当です。そし

て、外交や防衛、社会保障など国全体に関わる仕事は国が担当しています。なお、戸籍事務、生活保護の支給、パスポートの交付、国政選挙などは、もともとは国が行う仕事ですが、住民の利便をはかるために地方自治体が国からまかされて仕事を行っています（**法定受託事務**）。

国と地方との行政事務の分担

※総務省「地方財政関係資料」より

国の仕事

- 公共資本
  - 高速自動車道
  - 国道
  - 一級河川
- 教育
  - 大学
  - 私学助成（大学）
- 福祉
  - 社会保険
  - 医師等免許
  - 医薬品許可免許
- その他
  - 防衛
  - 外交
  - 通貨

地方の仕事・都道府県

- 公共資本
  - 国道（国の管理分以外）
  - 都道府県道
  - 一級河川（国の管理分以外）
  - 二級河川
  - 港湾
  - 公営住宅
  - 市街化区域、調整区域決定
- 教育
  - 高等学校・特別支援学校
  - 小・中学校教員の給与・人事
  - 私学助成（幼～高）
  - 公立大学（特定の県）
- 福祉
  - 生活保護（町村の区域）
  - 児童福祉
  - 保健所
- その他
  - 警察
  - 職業訓練

地方の仕事・市町村

- 公共資本
  - 都市計画等（用途地域、都市施設）
  - 市町村道
  - 準用河川
  - 港湾
  - 公営住宅
  - 下水道
- 教育
  - 小・中学校
  - 幼稚園
- 福祉
  - 生活保護（市の区域）
  - 児童福祉
  - 国民健康保険
  - 介護保険
  - 上水道
  - ごみ・し尿処理
  - 保健所（特定の市）
- その他
  - 戸籍
  - 住民基本台帳
  - 消防

地方の仕事は地方で（地方分権）

「地域の問題は、国ではなくその地域の住民で決める」という政治のしくみを「地方自治」といいます。また、そのために国の権限を地方自治体に移すことを「地方分権」といいます。

地方分権を進めるためには、地方自治体が独自の財源を持たなければなりません。しかし、地方にとって、地方税の収入だけではたくさんの公共サービスをまかないきれず、地方交付税交付金や使い道が特定されている国庫支出金などの国からの補助金に頼っており、さらに不足分を借金である地方債で補っているというのが現状です（→ **137** ページ）。

第 **2** 章　税金の使い道を知ろう

進む公共サービスの民営化

「民営化」とは、これまで国や地方自治体が主体となって行ってきた公共サービスを、国や地方から分離して民間企業化することをいいます。JRやNTT、日本郵政などは、民営化によって生まれた企業です。では、民営化は何のために行われるのでしょうか。

日本郵政が上場するって、どういうこと？

郵便や郵便貯金、簡易保険などは、もともと国の行政機関である郵政省が行っていました。それが日本郵政公社を経て、2007年（平成19年）に「**日本郵政グループ**」として民営化されました。2015年（平成27年）には、日本郵政グループの株式が上場され、証券取引所で株式が売買されるようになり、さらに民営化が進みました。

上場にともなって、経営にかかわる情報も広く公開されるようになり、株主の意見や要望が経営に反映されるようにもなっています。

郵政省から日本郵政グループへ

1949年（昭和24年）	郵政省が発足
2001年（平成13年）	郵政省と自治省、総務庁が、総務省と郵政事業庁に再編
2003年（平成15年）	日本郵政公社が発足
2006年（平成18年）	日本郵政株式会社が発足
2007年（平成19年）	日本郵政グループ発足

もともとは公企業だった JR と NTT

公企業が民営化された例は、ほかにもあります。1985年（昭和60年）、行政のやくわりの見直しが進むなか、それまで電話・電報事業を独占してきた日本電信電話公社（電電公社）が、**日本電信電話株式会社（NTT）**となりました。また同じ年、たばこの製造・販売を独占してきた日本専売公社が、**日本たばこ産業株式会社（JT）**として新たなスタートを切りました。さらに、1987年（昭和62年）には、日本国有鉄道（国鉄）が地域ごとに分割・民営化され、**JRグループ**となりました。

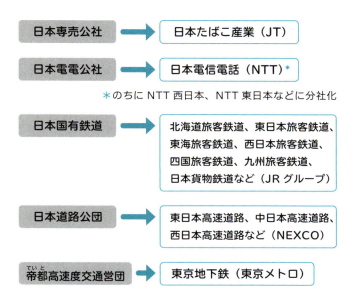

民営化された公企業

公社・公団	民営化後
日本専売公社	日本たばこ産業（JT）
日本電電公社	日本電信電話（NTT）＊
日本国有鉄道	北海道旅客鉄道、東日本旅客鉄道、東海旅客鉄道、西日本旅客鉄道、四国旅客鉄道、九州旅客鉄道、日本貨物鉄道など（JRグループ）
日本道路公団	東日本高速道路、中日本高速道路、西日本高速道路など（NEXCO）
帝都高速度交通営団	東京地下鉄（東京メトロ）

＊のちにNTT西日本、NTT東日本などに分社化

なぜ民営化をするの？

公企業には、国民のために公共性の高い事業を行うというやくわりがあります。しかし、国の仕事が増えると、そのための費用も増えます。民営化の目的のひとつは、国の財政の負担を減らすことです。さらに、公企業としての制約がなくなることで、ビジネスの幅が広がり、ほかの民間企業との競争によってサービスも向上すると考えられています。

しかし、本来は利益を考えずに提供されるはずの公共サービスが、民営化によって、利益を追求しなければならなくなります。よって、価格や料金が上がったり、利益の出ない事業が切り捨てられたりして、以前のようなサービスが十分に受けられない利用者が出てきます。また、株主の意見が優先され、国民の意見が反映されにくくなることもあります。

第2章 税金の使い道を知ろう　61

予算が決まるまで

　政府の予算案が国会に提出されるのは、12月から翌年の1月にかけてです（→42ページ）。そこから、国会で予算について話しあわれる期間は、新年度がはじまるまでのわずか2カ月。半年ほどかけるアメリカと比べると、非常に短い期間です。

　実は、それまでの10カ月のあいだ、各省庁では陳情（地方自治体や各種団体の代表者などが要望を伝えるために関係省庁を訪れること）をはじめとして、国民のさまざまな要望を織り交ぜながら、水面下で予算編成を進めています。議会ではなく、国民の目が届かないところで行われるのが、日本の予算編成の特徴ともいえます。

　新年度がはじまるまでに、予算が決まらない場合もあります。国会で与党と野党の意見が激しく対立し、話しあいがもつれた時などです。予算が決まらないと税金が使えないため、本予算（当初予算）が成立するまでのつなぎとして、最低限の経費で仮の予算を組みます。これを「暫定予算」といいます。

　また、大災害や景気の悪化などによって予算が足りなくなった場合には、年度の途中であっても予算を組み直します。これを「補正予算」といいます。補正予算は毎年のように組まれており、1年度内に2回以上組まれることもあります。

第3章

税金の種類を知ろう

第3章で学ぶこと

第3章では、税金の集め方や、税金を管理している国税局や税務署のやくわり、たくさんある税金の種類や納め方などを学ぶことができます。

税金はどうやって集められているの？

➡ 税金は誰がどうやって集めるの？ ……………… 66 ページ

税金を払わないと、逮捕されるの？

➡ 税金を払わないとどうなるの？ ………………… 68 ページ

なぜ国税と地方税とに分かれているの？

➡ 国税と地方税の違いは？ ………………………… 70 ページ
　なぜ国と地方で別々に税金がかかるの？ ……… 71 ページ

所得税は、何にかかる税金なの？

➡ 所得税ってどんな税金？ ………………………… 74 ページ

会社員の給料にかかる税金には、どんなものがあるの？

➡ 会社員の所得税は会社が徴収する ……………… 76 ページ

宝くじの当選金には、税金がかからないって本当？

➡ 所得税が課税されない所得ってあるの？ ……… 79 ページ

法人税の「法人」って、人じゃないの？

➡ 法人税の「法人」って誰のこと？ ……………… 80 ページ

64

消費税って、どんな税金？

➡ **もっとも身近な税金・消費税** ………………… 82 ページ

消費税がかからないものはあるの？

➡ **消費税がかからない商品やサービス** ………… 86 ページ

ニュースによく出てくる「軽減税率」って何？

➡ **軽減税率って何？** ………………………………… 87 ページ

消費税以外にも、物やサービスにかかる税金があるの？

➡ **消費税以外の間接税** ……………………………… 88 ページ

住民税って、どんな税金？

➡ **住んでいる地域に払う住民税** ………………… 96 ページ

空港などで見かける「免税店」って何？

➡ **「免税店」って何？** …………………………… 105 ページ

ニュースによく出てくる「タックスヘイブン」って何？

➡ **税金の安い国へ資金を移す？** ………………… 108 ページ

税金は誰がどうやって集めるの？

税金に関する業務を「税務」といい、その税務をつかさどるトップが国税庁です。でも、国税庁はどんな仕事をしているのでしょう？　身近にある国税局や税務署とはどう違うのでしょう？　ここでは、国税（➡70ページ）を中心に説明します。

国税庁ってどんなところ？

国税庁では、税務を正しく行うためにはどうすればよいかを考えたり、国税局や税務署への指導や監督を行ったりするのがおもな仕事です。

国税庁の下には、国税局が11局と沖縄国税事務所、税務署が524カ所あります。

国税庁とその下にある組織の一覧

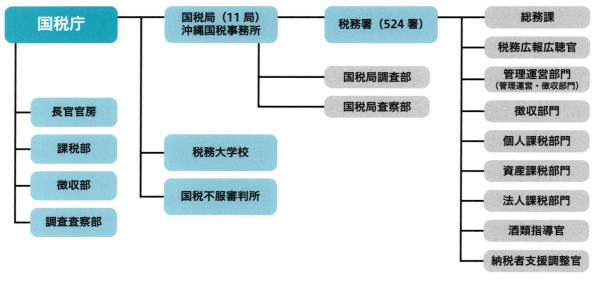

※国税庁ホームページより

国税局や税務署は何をしているの？

国税局や税務署は、国税庁によって指導・監督され、国税庁の方針にそって仕事をします。国税局は、税金・納税の実質的な調査・徴収機関です。担当する区域の大企業、外国企業の法人税や消費税の状況を調べたり、高所得者の納税について調査したりしています。もし、きちんと納税していなかった場合は、納税をうながす通知や督促、ときには強制的な徴収も行います。税務署への指導・監督もします。

税務署は一般向けの窓口として、住民の納税状況の調査や税金に関する申告・届出、納税や確定申告の受付、相談などを担当しています。

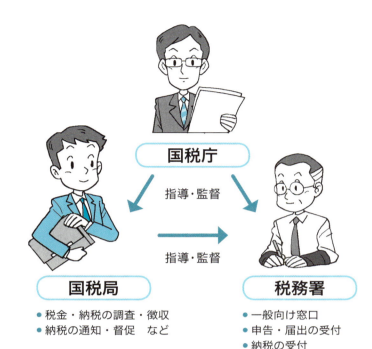

納税の方法にはいろいろある

納税の方法は、その人が会社員か自営業か、収入が給与なのかそれ以外なのかなどによって異なります。会社員の場合、所得税や住民税などは給料から自動的に引かれますが（➡76ページ）、自動車関連の税金や相続税などは自分で申告して納付したり、送られてきた納付書を使って納付したりします。自営業などの場合は、確定申告を行ったうえで納めるべき金額を納税します（➡77ページ）。

また、地方税（➡70ページ）は国税と違って、地方自治体が税金の徴収をします。各自治体には、主税局や県税事務所などの税務を行う機関が置かれています。

第3章 税金の種類を知ろう 67

税金を払わないとどうなるの？

税金は、自分たちの生活をよりよくするためのもの。それなのに、「もうけたお金はすべて自分のものだ」と税金を払わなければどうでしょう。とても不公平なことはもちろん、国も自治体も十分な行政サービスができなくなります。

 ## 税金をごまかしていたら……

国税局や税務署などでは、会社や住民が正しく税金を納めているか、申告内容にウソがないかなどを、帳簿などと照らし合わせながら確認しています。これを「**税務調査**」と呼んでいます。通常の調査は、会社などの調査対象の承諾の上で行います（任意調査）。その際は、事前に調査日の連絡があります。一方、脱税や所得隠しなどの疑いがある場合に行われるのが、強制調査です。裁判所の命令による調査で、調査対象者は拒否できません。

こうした調査で、申告すべき所得などをわざと隠していたことがわかった場合、罰として税金が35～40％ほど重くなります。これを「**重加算税**」と呼びます。このように本来の税額に加算される税はいくつかあり、あわせて「**追徴課税**」と呼んでいます。

税金が加算される場合

税の種類	どんな場合に加算されるか	加算税率
重加算税	意図的に隠した場合に、過少申告加算税や無申告加算税、不納付加算税などとともに加算	35～40％
過少申告加算税	期限内に申告した額が実際より少なく、修正申告書・更正申告書を提出した場合	10～15％
無申告加算税	期限内に申告しなかった場合	15～20％
不納付加算税	源泉徴収税の納付期限内に納付しなかった場合	10％
延滞税	期限内に完納できなかった場合、完納するまで延滞税（利息）が加算	－

脱税は重い犯罪

不当に税金をごまかす行為には、大きく分けて「**所得隠し**」と「**脱税**」があります。

所得隠しは、経費を実際にかかった額より多く申告することで所得を低くしたり、実際の売り上げを少なく申告したりして、その分の納税を逃れるものです。そのうち、特に悪質な犯罪行為として認められると「脱税」となります。

一方、「申告するのを忘れてしまった」などの場合は「**申告漏れ**」になり、意図的ではないため、犯罪とされる可能性は低くなります。

脱税の刑罰は金額や申告の有無など、悪質さの度合いによりさまざまです。ちなみに、脱税の刑罰は2010年（平成22年）6月から強化され、最高で懲役10年以下と罰金1000万円以下になりました。

税金が払えないと財産を差し押さえられる

期限をすぎても税金を払わなかった時は税務署や国税局からさいそくが来ますが、それでも払わない場合は、あらゆる手段で税金を納めさせられます。それが「**強制執行**」です。

強制執行は、その人の所持品や財産を差し押さえ、それを納税にあてる方法です。例えば、土地や建物、車や宝飾品、家具などが差し押さえられて競売にかけられたり、株券や国債、預貯金、さらには給料も差し押さえられたりします。強制執行が行われると、税金を納め終わるまで、ギリギリの生活をしなければいけなくなるのです。

第3章 税金の種類を知ろう

税金には、どんな種類があるの？

国税、地方税、直接税、間接税、普通税に目的税……。税金にはいろいろな分類や種類があります。それらはどう違うのでしょうか？　また、税金は国が管理・徴収するものだけではありません。そこには、細かな決まりや狙いがあります。

国税と地方税の違いは？

税金には、大きく分けて**国税**と**地方税**があります。国税はその名の通り、国に納める税金で、消費税や所得税、相続税などがあります。

一方の地方税は、自分が住んでいる、あるいはサービスを受ける地方自治体に納める税金で、住民税や自動車取得税、事業税などのほか、狩猟税や入湯税といった聞きなれないものも含まれています。

国税

↳ 国に納める税金

地方税

↳ 地方自治体に納める税金

おもな国税と地方税

国　税	所得税、法人税、相続税、贈与税、消費税、酒税、たばこ税、石油ガス税、石油石炭税、関税、自動車重量税、印紙税など		
地方税	道府県税（東京都を含む）	道府県民税、事業税、不動産取得税、自動車取得税、狩猟税など	
	市町村税	市町村民税、固定資産税、鉱産税、入湯税など	

普通税と目的税って何？

　税金を使い道で分けることもあります。例えば、電源開発促進税（国税）は、使い道を発電施設の設置・整備・維持などに限定しています。入湯税（地方税）では、温泉や観光施設の維持管理、源泉の保護などに使います。こうした使い道を限定している税金を「**目的税**」といいます。

　一方、所得税や法人税、消費税、住民税などは、「**普通税**」と呼ばれています。使い道が限定されず、教育やごみ処理、道路の維持管理、公務員の給料、政府や自治体の運営など、幅広く使われています。

おもな目的税の種類

国税　復興特別所得税、電源開発促進税

地方税　都市計画税、国民健康保険税、事業所税、共同施設税、狩猟税、水利地益税、入湯税など

なぜ国と地方で別々に税金がかかるの？

国道
↓
国税で維持管理
↓
地方に委託
（法定受託事務）

県道・市道
↓
地方税で維持管理
↑
一部、国税から補助

　外国との交渉など国民全体にかかわる政策は国税、福祉など地域に身近な公共サービスは地方税でまかなうというのが、基本的な考え方です。身近な例では、いくつかの都道府県にまたがる国道は国税、県道や市道などは地方税と考えればわかりやすいでしょう。このように、国税と地方税とで分かれているほうが、納税者にとっても税金の使われ方が実感しやすいのです。

　ただし、実際には、一部の国道の管理や戸籍事務など、本来は国がやる仕事を地方が行い、かかったお金は国税から支払われています（**法定受託事務**➡59ページ）。

第3章　税金の種類を知ろう　71

自分で直接納税する直接税

直接税は、納税義務のある人と**担税者**（実際に税金を負担する人）が同じ税金のことで、所得税や法人税がその代表です。所得税は国民の給与や所得をもとに納税額が決まる税金で、法人税は会社などの利益から納税額が決まる税金です。

どちらも所得や利益に応じた税額になるシステムです。ですから、かせぎの少ない人や会社は少ない税金を、いっぱいかせいだ人や会社はたくさんの税金を納めることになります。そのため、不公平感が少なく、個々の経済事情に配慮しやすい点が大きなメリットといえます。

一方、かせぎが増えるにつれて納税額も増えるため、「いっぱいかせいでもどうせ税金になる」と思う人は働く意欲を失いやすい、という短所があります。

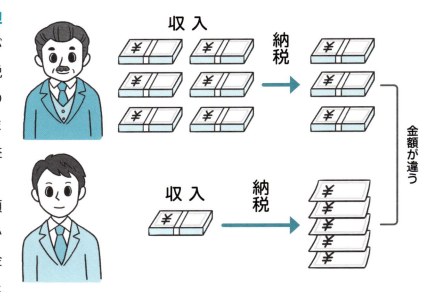

誰かが間接的に納税してくれる間接税

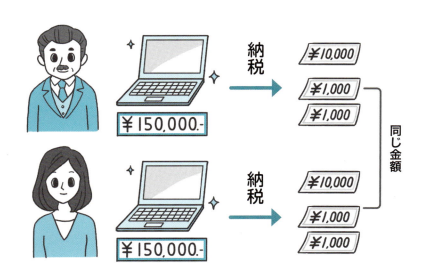

間接税は、納税義務のある人と担税者が必ずしも一致しない税金です。消費税やたばこ税、酒税などがその代表です。これらの税金を実際に支払うのは消費者ですが、納税する義務があるのはお店や会社などの事業主です。つまり、納税義務があるのはお店や会社ですが、それをものやサービスの値段に上乗せすることで、お客さんに負担させている

（転嫁）と考えればわかりやすいでしょう。

　間接税は、身分や年齢、地域などによる差がなく、子どもも大人もみんな同じ税率で支払います。一見すると平等ですが、年収1億円の人と年収100万円の人が同じ額の税金を支払うのは、生活への影響に大きな差が出てきます。こうした個々の経済事情に配慮できないのが短所といえるでしょう。

直接税と間接税の比率

　直接税と間接税が税収全体でどのくらいの割合になっているのか？　それが「直間比率」というデータとして公開されています。

　下の図を見ると、日本とアメリカでは直接税が7割以上と、ヨーロッパに比べて高いことがわかります。特に、日本は法人税の割合が高く、企業が自由に活動することをさまたげているという批判があります。

　一方、ヨーロッパのように間接税の比率を高くするのは、貧しい人に対する配慮の面で問題があります。

　こうした問題に関しては、税制改正に関する会議などで議論になることが多く、両者の上手な配分が求められます。

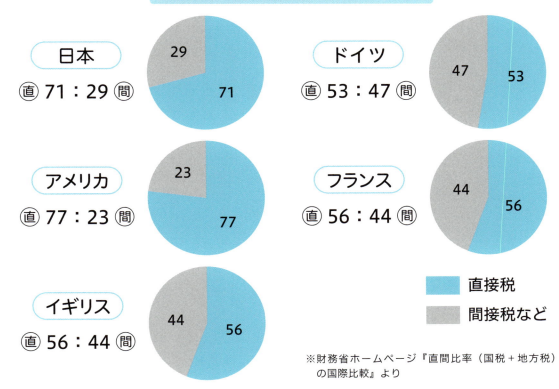

主要国の直間比率（2013年）

日本　直 71：29 間
アメリカ　直 77：23 間
イギリス　直 56：44 間
ドイツ　直 53：47 間
フランス　直 56：44 間

■ 直接税
■ 間接税など

※財務省ホームページ『直間比率（国税＋地方税）の国際比較』より

所得税ってどんな税金？

「所得税」はどんな税金かわかりますか？ お給料に課せられるのはわかりますが、それ以外の収入はどうなのでしょう。株の配当金は？ 宝くじの当選金は？ 所得税を知ることで、日本の税制の手広さが見えてきます。

給料やもうけにかかるのが所得税

所得税は、国民が1年間にかせいだお金（所得）にかけられる国税です。会社員であれば給与、お店などの自営業であれば**必要経費**を除いた利益が、所得税を算出するもとになる「所得」にあたります。

所得税は、会社にかけられる法人税と並んで日本の代表的な税のひとつで、ともに、人や会社の経済力（所得）にあわせて課税されるのが特徴です。

国税の内訳を見ると、所得税が約30％、法人税が約20％と、2つで国の税収の半分を占めており、非常に大きな財源となっています。

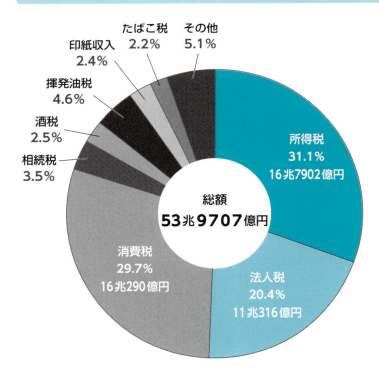

2014年度（平成26年度）の国税の税収内訳

総額 53兆9707億円

- 所得税 31.1％ 16兆7902億円
- 法人税 20.4％ 11兆316億円
- 消費税 29.7％ 16兆290億円
- 相続税 3.5％
- 酒税 2.5％
- 揮発油税 4.6％
- 印紙収入 2.4％
- たばこ税 2.2％
- その他 5.1％

※国税庁ホームページ『第140回国税庁統計年報書 平成26年度版』より

所得税の額はどうやって決まる？

所得税の額を決めるベースとなるのは、国民が1年間で得る収入です。しかし、その収入には健康保険や年金、社会保険・生命保険、医療費など、まだまだいろいろと支払わなければいけないお金が含まれています。自営業であればさらに人件費や材料費、お店の家賃、光熱費、通信費、福利厚生費などもあります。それらの必要経費を差し引いたものが「所得額」となり、その額から納付すべき所得税が算出されます。

所得税額の計算式

❶ 総収入額から必要経費を引いて所得額を算出する

　　総収入額 − 経費 = 所得額

❷ 所得額に税率をかけ、所得税額を算出する

　　（所得額 − 所得控除額＊）× 税率 = 所得税額

＊所得控除額については116ページを参照。

収入によって税率が違う？

所得税には、「累進課税」と呼ばれる課税方式が使われています。累進課税とは、税額を計算するベースとなる金額が大きくなるほど、税率が上がるしくみです。

仮に、税率が20％で固定されていれば、1年の所得が100万円の人と、2000万円の人では、税金を引いた手取りはそれぞれ80万円、1600万円となります。一方、累進課税にすると、それぞれ95万円、1480万円となり、少しでも不平等感を軽減させることができます。

所得税の税率

課税される金額	税率
195万円以下の部分	5％
195万円超～330万円以下の部分	10％
330万円超～695万円以下の部分	20％
695万円超～900万円以下の部分	23％
900万円超～1800万円以下の部分	33％
1800万円超～4000万円以下の部分	40％
4000万円超の部分	45％

※国税庁ホームページ『所得税の速算表』より

所得が多ければ多いほど税率も上がる

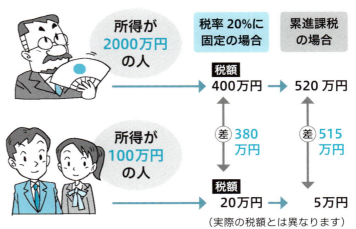

（実際の税額とは異なります）

第3章 税金の種類を知ろう　75

会社員の所得税は会社が徴収する

会社員に支給される給与は、**給与明細書**を見るとわかります。基本となる金額に営業手当や通勤手当、残業手当などがプラスされている一方で、年金や健康保険といった社会保険料などが引かれています。その中に所得税と住民税も含まれています。会社が毎月の給与から必要なものをあらかじめ計算し、差し引いてくれているのです。

しかし、所得税は1月1日から12月31日までの1年間の所得がベースであり、毎月の給与から引かれている税金は、あくまでも概算です。そこで、毎年12月、1年間の給与がすべて決まったタイミングで、所得税額の過不足を再計算します。正しい税額が確定したら、取り過ぎた税金を社員へ払い戻したり（還付）、逆に追加で差し引いたりします。これを「**年末調整**」と呼んでいます。

なお、日本やイギリスなどでは、**課税単位**は個人、つまりお金をかせいだ人それぞれの所得から所得税を算出します。一方、アメリカやドイツ*などでは、課税単位を夫婦として、夫婦の所得をあわせた金額から所得税を算出することもできます。また、フランスなどでは家族全員の所得をあわせた金額から所得税を算出します。

＊アメリカ、ドイツでは、個人単位、夫婦単位を選択できます。

給与明細書の例（実際のものとは異なります）

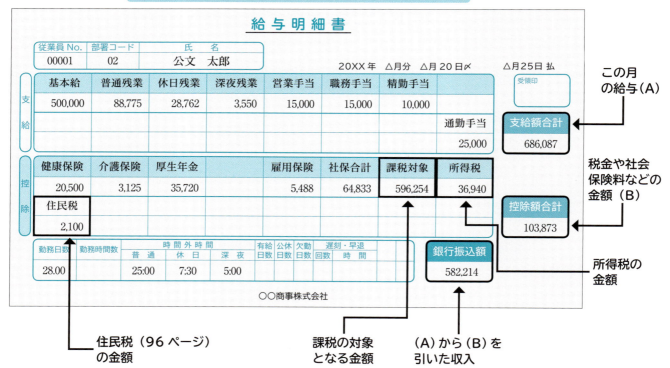

確定申告って何？

お店などを営む自営業では、年末調整がない代わりに**確定申告**を行います。確定申告は毎年2月〜3月に行われ、総収入額や必要経費、所得額など、1年間の金銭の収支を自分で計算して、税務署に申告します。

また、会社員が確定申告を行うケースもあります。例えば、不動産を売買した場合や株取引などの収入があった場合など、会社からもらう給料以外の収入が生じたときは、確定申告が必要となります。

「所得」には10種類ある

先ほども少しふれましたが、給与や自営業の利益だけが所得税の対象というわけではありません。国税庁は、給与などを含めた所得を10種類に分類し、それに該当する所得を得た場合に申告が必要としています。

所得はこの10種類

所得の種類	概要
給与所得	会社などからもらう給与やボーナス
事業所得	農業、漁業、小売業、製造業、サービス業といった事業による所得
退職所得	会社を退職する際の退職金や厚生年金保険法に基づく一時金
不動産所得	土地や建物の売買、船舶・航空機の貸し付けなどで得た所得
利子所得	預貯金や公社債の利子など
配当所得	株式や投資信託などの配当による利益
譲渡所得	土地や建物のほか、ゴルフ会員権などの資産を譲渡した際の利益
山林所得	山林を伐採して譲渡した際の利益
一時所得	懸賞や福引きの賞金、競馬や競輪の払戻金、保険の一時金や返戻金など
雑所得	年金や印税、原稿料など、上の所得に該当しない所得

第3章 税金の種類を知ろう　77

アルバイトでも所得税を払うの？

　アルバイトやパートでも、給与明細書を見ると所得税が引かれている場合があります。会社員と同じように概算の額で計算され、それを差し引いているわけです。しかし、実は所得税を納めなくてもよかった、というケースもたくさんあります。

　所得税の中の「**給与所得**」という区分では、年間の所得が103万円までなら、**給与所得控除**や**基礎控除**（→116ページ）によって、税額が0円になるのです（下の計算式を参照）。もし、納める必要がないのに納めていた場合は、確定申告をすることで、**還付金**として納めた分が戻ってくることになっています。

年収103万円以下は所得税0円

収入額 － 給与所得控除 － 基礎控除額 ＝ 所得税対象額
103万円 － 65万円 － 38万円 ＝ 0円

年間の所得103万円まで
→ **税額が0円になる**

103万円を超えると……
→ **所得税を払う**

株取引やギャンブル、クイズ番組の懸賞金は？

株式投資や、証券会社などが運用する投資信託は、株式や証券の売買による差額でかせぐもの。そうやって得たお金には、所得税がかかります。

投資信託などで得た配当所得の場合、投資商品の配当を支払ってもらう際に、**源泉徴収**という形で引かれてから、お金が手元に届きます。そして、あとから確定申告をして正しい税額を確定させます。

しかし、確定申告不要制度というものもあります。これは、最初に源泉徴収を引かれますが、一定の条件を満たすことで、もうけの多少にかかわらず、確定申告による納税が免除されるという制度です。

では、福引きや懸賞、クイズ番組の賞金、競馬の払戻金などはどうでしょう？　やはり、「**一時所得**」として所得税がかかります。会社員の場合も、年末調整のほかにも確定申告もしなければなりません。

所得税が課税されない所得ってあるの？

所得には10種類あるとお話ししましたが、その中の「一時所得」や「雑所得」という項目により、ほとんどすべての所得には、所得税が課税されることになります。

ところが、宝くじやtoto（スポーツくじ）の当選金は非課税で、ジャンボ宝くじで7億円が当たっても、「当せん金付証票法」という法律によって、課税されません。それ以外にも、通勤手当や慶弔の祝い金・香典、住宅ローンの金利補助といった身近な収入は、限度額が決まっているものもありますが非課税です。また、失業中に手にする失業給付金も非課税です。

第3章　税金の種類を知ろう　79

法人税の「法人」って誰のこと?

社団法人、財団法人、宗教法人……。「法人」と付くものにはいろいろありますが、そもそも「法人」とは何でしょう? どうも団体や組織のことのようですが、会社も法人の中に入るのでしょうか?

法律上の「法人」とは?

法人とは、「**法律によって人と同じあつかいを受ける組織・団体**」のこと。ですから、人と同じように権利や義務が発生します。例えば、事務所を構える、物の売り買いをする、社員を雇うなどの場合、会社と相手方とで契約書を交わします。これが個人なら、契約した本人が亡くなったりすれば、契約が終了したり、家族などに引き継ぐための手続きが必要になります。もし社長などの会社のトップが交代するたびに、同じように契約が終了したり手続きが必要になったりすると、そのあいだ企業活動がストップしてしまいます。

そこで、会社自体を人間としてあつかうことで、契約をむすんだあとで、責任者がいなくなっても契約を続けることができます。

会社も税金を払い、サービスを受ける

法人も人間と同じように、**納税の義務**を持ちます。かせいだお金をすべて自由に使えるわけではなく、かせいだお金にあわせて、私たち人間と同じように税金を払います。もちろん、税金を払っている以上、さまざまな公共サービスを人間と同じように受けることができます。

法人が払う税金の種類

法人の所得に対して課せられる税金を「**法人税**」といいます。ほかにも、法人が払う税金には下の表のとおりたくさんの種類があり、このうち法人税、法人住民税、法人事業税をまとめて「法人税」と呼ぶこともあります。もし、これらを故意に納めなかった場合は所得隠しや脱税となり、場合によっては会社の代表者や関係者が逮捕されたり追徴課税を課せられたりします。

法人が納付するおもな税金の種類

税金の名称	税の種類	概要
法人税	国税	所得に対して課せられる税金
法人住民税	地方税	事務所の所在地がある地域に納める税金
法人事業税	地方税	所得に対して課せられる税金
地方法人特別税	国税	所得に対して課せられる税金
消費税	国税	会社がものを購入をした場合などに支払う。自社商品を販売した際は国に納付する
印紙税	国税	商取引にともない契約書などに課せられる税金
登録免許税	国税	不動産や船舶の免許、特許、許可申請などについて課せられる税金
所得税	国税	株式の配当金や利子などに課せられる税金
固定資産税	地方税	土地や建物を所有している場合に課せられる税金
自動車関連の税金	―	自動車税、自動車重量税、自動車取得税など
その他の税金	―	関税、酒税、たばこ税、都市計画税など

日本で法人税を払う会社は少ない！？

　一説によると、日本で法人税、法人住民税、法人事業税をきちんと支払っていない企業は、全体の7割に上るといわれています。一体なぜなのでしょう。
　法人税は所得、つまり利益に対して課せられる税金です。まず、この利益がない企業には、法人税がほとんどかかりません。本当に赤字の企業もあれば、過去の借金を返済し続けているため利益がないという企業もあるなど、事情はさまざまです。

もっとも身近な税金・消費税

私たちにもっとも身近な税金は、消費税でしょう。大人も子どもも毎日の生活や買い物で必ず支払っています。でも、その実態はあまり知られていません。消費税とはどんな税金なのでしょうか？　そして、何に使われているのでしょうか？

所得額に関係がない税金

日本における三大財源のひとつが消費税です。2014年度（平成26年度）の統計では、国税の約3割にあたる16兆290億円にのぼる税収で、貴重な財源となっています（➡74ページの図）。

本来、消費税には「一般消費税」と「個別消費税」があります。一般消費税は、消費される物やサービス全体が課税対象となる消費税で、日本の消費税は一般消費税にあたります。一方、個別消費税は、特定の物やサービスが課税対象となる消費税で、日本ではガソリン税や酒税、たばこ税（➡88ページ）などが個別消費税にあたります。

消費税は、所得税や法人税のように年間の所得をベースにした税金ではありません。所得の多い・少ないや男女の別、年齢に関係なく、日本に住む誰もが一律に支払う税金です。そのため非常に平等ですが、食料品や生活必需品を含めたほとんどの商品やサービスに課せられるため、低所得者には大きな負担になっています。

消費税は海外でも「付加価値税」などの名前で、さまざまな国で採用されており、日本よりも高い税率の国もたくさんあります。

海外の消費税率

国名	消費税率
ハンガリー	27%
ノルウェー	25%
デンマーク	25%
スウェーデン	25%
クロアチア	25%
アイスランド	24%
フィンランド	24%
ポルトガル	23%
ギリシャ	23%
アイルランド	23%

※全国間税会総連合会『世界の消費税（付加価値税）151ヵ国　平成28年4月版』より作成

消費税は地方に配られる!?

2016年（平成28年）現在の消費税率は8％。このすべてが国に入るわけではありません。この中には、「**地方消費税**」という地方税が含まれています。

地方消費税は地方税法に基づく税金で、国の消費税と同様の商品やサービスに課され、一緒に徴収されます。その税率は現在1.7％で、財務省の統計によると、地方消費税だけで3兆1064億円の収入になるそうです（2014年度）。

つまり、消費税の税率8％のうち、国税なのは6.3％ということになります。

国と地方の消費税の内訳

消費税は何に使われている？

消費税法第1条では、消費税について「**毎年度、制度として確立された年金、医療及び介護の社会保障給付並びに少子化に対処するための施策に要する経費に充てるものとする**」と定められています。

具体的には、医療費、介護費用、子ども・子育て支援、年金の財源として使われます。現在の消費税の税収のうち、国でこれらに使われているのは13兆4000億円（2016年度予算ベース）。しかし、社会保障4制度（社会保険、社会福祉、公的扶助、公衆衛生及び医療）の総支出は28兆円を超えていて、まだまだ足りない状態です。そのため、消費税率アップをはじめとする抜本的な財政改革が求められています。

消費税だけでは足りない!?

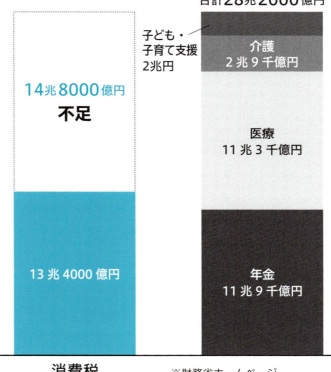

※財務省ホームページ『消費税の使途』より作成（概数）

消費者が支払う消費税の内訳は？

　例えば、50000円のカメラを買った場合、消費者が払う消費税（2016年現在8％）は4000円です。これは、どのように納付されていくか、わかりますか？

　商品はさまざまな部品からつくられ、その部品は多くの材料からできています。また、いくつかの業者を経てお店へ運ばれ、店頭で売られます。その工程すべてで行われている売買にも消費税が課せられますから、その消費税分がプラスされた合計が消費者の支払う消費税額となります。

　このように、消費税は身近な売買以外のところにも隠れています。そうやって買った人が支払った消費税は、売った側であるお店や企業がそれぞれ申告し、納付しています。

消費税・地方消費税の負担と納付の流れ

これまで2回増えた消費税率

　消費税に関しては、1970年代末から国会内で議論されていましたが、反対が多くなかなか実現しませんでした。しかし、ついに1989年（平成元年）、社会保障制度の財源確保のためとして**消費税法**が施行され、導入がはじまりました。3％からのスタートでした。

　その後、1997年（平成9年）に消費税は5％へ増税されました。当時の日

消費税率の推移

（％）
- 1989年（平成元年）：3％
- 1997年（平成9年）：5％
- 2014年（平成26年）：8％
- 2019年（平成31年）：10％？

84

本は不景気で、税収が減少する中での導入でしたが、これで税収が3.2兆円のプラスになりました。そして2014年（平成26年）、消費税が8％に増税されて現在にいたります。

2017年（平成29年）4月には10％に増税することが決まっていましたが、この数年の景気がよくないなどの理由により、2019年10月に延期されました（→128ページ）。

消費税を納めなくていい人は？

お客さんから受け取った消費税をお店や業者、企業すべてが納付しているわけではありません。実は、納付しなくてもよいケースがあります。

消費税は、前々年の売上げが1000万円を超えた場合に納付しなければなりません。例えば、2016年に開店したお店の場合は前々年（2014年）も前年（2015年）もお店はありませんから、納付義務が発生するのは2018年からとなります。しかも、売上げが1000万円を超えた場合のみですから、1000万円以下では開店何年目であっても、納税は免除されます。そのほかの個人事業主でも同様です。

法人の場合は年度で考えます。前々年度の売上げが1000万円を超えているかという条件のほか、給与の支払い額や資本金などで消費税の納付義務の有無を判断することになっています。

このように、売上げが1000万円以下の場合、お客さんから消費税を受け取っていたとしても、それは売上げの一部としてあつかわれるのです。

売上げ1000万円以下
↓

納税義務なし

消費税がかからない商品やサービス

　消費税は、商品でもサービスでも、あらゆるものに課税されますが、課税されないものも存在しています。代表的なのは、免税店の商品です。免税店は、海外からのお客さんに対して小売りをするお店で、「日本国外がおもな消費地である」という考えから消費税がかかりません。
　私たちが一般的に利用できる商品・サービスでは、次に挙げたものが非課税とされています。

消費税がかからない商品・サービスなど

❶ 土地の譲渡、貸付け（一時的なものを除く）など
❷ 有価証券、支払手段の譲渡など
❸ 預貯金の利子、保証料、保険料など
❹ 特定の場所で行う郵便切手、印紙などの譲渡
❺ 商品券、プリペイドカードなどの譲渡
❻ 住民票、戸籍抄本などの行政手数料など
❼ 外国為替など
❽ 社会保険医療など
❾ 介護保険サービス・社会福祉事業など
❿ 出産費用など
⓫ 埋葬料・火葬料
⓬ 一定の身体障害者用物品の譲渡・貸付けなど
⓭ 一定の学校の授業料、入学金、入学検定料、施設設備費など
⓮ 教科用図書の譲渡
⓯ 住宅の貸付け（一時的なものを除く）

医療費は非課税だけど……

　消費税がかからない商品・サービスの中で注目したいのが、❽の「社会保険医療など」です。これは病院の医療費や薬、ケガの治療などには消費税がかからないということです。❿の出産費用も非課税です。
　ただし、非課税なのは、健康保険が適用されるものだけです。例えば、入院時にかかるベッド代の一定額を超える分や、精密検査や手術などで着用する病衣、会社や学校へ提出するための診断書や証明書、健康保険が適用されない自由診療などは消費税がかかります。

軽減税率って何？

軽減税率とは、一定の条件を満たしたものに対する税率を、標準よりも低くおさえるしくみです。例えば、食品類は生きていくうえで欠かせないものなので税率を低くして、逆に絶対に必要とはいえないお酒や外食は税率を高くします。このように、物やサービスの必要性や価値観などにあわせて、一定の区切りの中で税率に変化をつけるのが、軽減税率です。

日本では2017年（平成29年）4月に消費税を10％へ増税するタイミングで、軽減税率を導入することが議論されてきました。しかし、消費税増税が延期されたことから、軽減税率の議論もストップしています。

軽減税率の対象の例（一部）　8%に据え置き　飲料　食料　新聞（週2回以上発行）

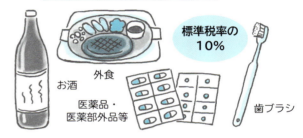
軽減税率の対象外の例（一部）　標準税率の10%　お酒　外食　医薬品・医薬部外品等　歯ブラシ

消費税と軽減税率、海外では？

外国では、すでに軽減税率が採用されている国があります。しかし、同じ国でも州によって税率が違っていたり、同じ商品でも数や形によって違っていたりと、さまざまです。

例えば、フランスの標準税率は20％ですが、旅客輸送や宿泊施設の利用、外食などは10％、食料品や書籍は5.5％、一部の医薬品は2.1％など、とても細かく軽減税率を設定しています。

世界のユニークな軽減税率

チョコレート（フランス）
カカオの含有量が多い ➡ 標準税率
カカオの含有量が少ない ➡ 軽減税率

お持ち帰り食品（イギリス）
気温よりあたたかい ➡ 標準税率
気温より冷たい ➡ 軽減税率

ファストフード（ドイツ）
店内で食べる ➡ 標準税率
持ち帰り ➡ 軽減税率

ドーナツ（カナダ）
5個以下 ➡ 標準税率
6個以上 ➡ 軽減税率

消費税以外の間接税

物やサービスの価格には、消費税がかかりますが、それとは別に品物によって独自の間接税が課せられているものがあります。容量、成分、重さ、金額などによって細かく分けられた税や、意外なものにかけられている税など、いろいろあります。

ガソリン、お酒、たばこには、これだけの税金がかかっている

消費税以外の間接税の中でも、ガソリンやお酒、たばこに課せられている税は、税率が特に高いことで知られています。

●ガソリン

自動車の燃料であるガソリンには、**揮発油税・地方揮発油税（ガソリン税）**、**石油石炭税**が課せられています。また、1974年（昭和49年）からは、ガソリン税に**暫定税率**（正式に決まるまでの仮の税率）がかけられています。さらに、ガソリン本体価格と税金を足した金額に、消費税が上乗せされるため、「二重課税」という批判もあります。

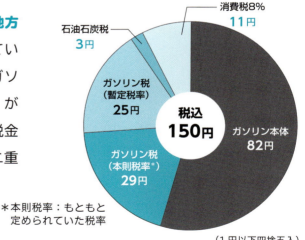

ガソリン1リットルあたりの税金
（ガソリン1リットル税込150円の場合）

- 消費税8％ 11円
- 石油石炭税 3円
- ガソリン税（暫定税率）25円
- ガソリン税（本則税率*）29円
- ガソリン本体 82円
- 税込 150円

＊本則税率：もともと定められていた税率

（1円以下四捨五入）

●お酒（ビール）

お酒に課せられる税金を「**酒税**」といい、税率はお酒の種類によって違います。ビールの税率が高いからと、含まれる麦の量を変えた発泡酒や"第3のビール"（→111ページ）が生まれました。しかし、近年は税率を一律にしようとする案も出ています。

88

お酒にまつわる税金の例

（2016年現在、1円以下四捨五入）

缶ビール（国産）350ml
（税込238円として）
- 酒税 77円
- 消費税 18円

ウイスキー（国産）700ml
（税込1620円として）
- 酒税 259円
- 消費税 120円

● たばこ

近年は禁煙をする人が増えていますが、たばこにかけられている税金（**たばこ税**）は年間2兆円を上回る大事な収入源です。日本で主流の紙巻きたばこは1箱20本入りで約400〜490円（国産品）。その中に国のたばこ税、地方たばこ税、たばこ特別税、消費税が含まれています。

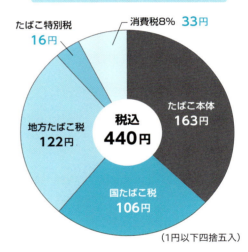

たばこ1箱あたりの税金
（20本入り税込440円の場合）

- たばこ特別税 16円
- 消費税8% 33円
- たばこ本体 163円
- 国たばこ税 106円
- 地方たばこ税 122円

税込 440円

（1円以下四捨五入）

たばこ1箱1000円!?

銘柄によって違いますが、たばこ1箱の値段は約400〜490円。それを1箱1000円にまで上げよう、という動きがあります。たばこは体に害があるため、世界的に禁煙を広める動きが活発です。一方、大事な収入源であるたばこ税の税収が減ると困るという側面もあります。世界的に見て日本のたばこは安く、欧米では1箱1000円以上する国もあります。もし、日本でも1000円にすれば、喫煙者が大幅に減って、税収も減ってしまう可能性があり、実現にはいたっていません。

第3章 税金の種類を知ろう

 そのほかの間接税など＊

石油石炭税 国税

　原油、輸入石油製品、天然ガス、石炭などに対して課せられる税金です。それまでは「石油税」でしたが、2003年（平成15年）の税制改正より石炭が対象品目に加えられて、「石油石炭税」になりました。

　納税の義務があるのは、国産の場合は採掘者、輸入の場合は国内でそれらを引き取る業者で、それぞれが申告して納付します。分量によって納税額を決める「従量制」ですが、近年は地球温暖化対策として三段階の値上げが実施されています（→ 51, 132 ページ）。

石油ガス税 国税

　石油石炭税が原油や天然ガスなどに課せられるのに対し、石油ガス税は液化石油ガスに課せられる税金です。液化石油ガスとは、タクシーなどLPガス自動車の燃料になるほか、プロパンガスとして一般家庭でも使用されています（課税対象は自動車燃料用のみ）。かつては、納付された税金を道路の整備補修などに使用する目的税（道路特定財源）のひとつでしたが、2009年（平成21年）に一般財源化されました。

　納税者はガスをタンクにつめるスタンド業者、または石油ガスを輸入後に引き取る業者です。税率は、1キログラムあたり17.5円です。

軽油引取税 地方税

　自動車や列車などのディーゼルエンジンの燃料となる、軽油を取引する際にかかる地方税です。同じディーゼルエンジンでも、船の燃料や農業など特定の用途に使う軽油取引については免税されます。また、近年話題になっている「バイオディーゼル燃料」も、課税の対象外です（ほかの燃料とまぜて使う場合は課税）。

（税率は2016年現在）

＊財務省の統計で「間接税等」としてあつかわれているものを集めています。よって、実体として間接税とはいえないものも含まれます。

この税ができたころは、道路整備のための目的税（道路特定財源）でしたが、2009年（平成21年）から一般財源化されました。税率は1キロリットルあたり32100円（暫定分含む）で、輸入業者や販売業者が納付します。

入湯税 地方税

お風呂へ入る際にも税金がかかります。といっても、鉱泉の場合です。鉱泉とは、地下から湧き出る水や湯のこと。鉱泉を利用している浴場（いわゆる温泉施設）に入浴する場合にかかるのが、入湯税です。社宅や寮などの共同浴場、銭湯などでは入湯税がかかりません。支払うのはその鉱泉に入浴する人で、それを集める旅館やホテルなどの施設の経営者が申告し、納付します。標準的な税率は、1人1日150円で、12歳未満の子どもは免除されます。

入湯税は地方税で、環境衛生施設の整備や泉源の管理・保護、消防施設の整備、観光の振興などに使われる目的税でもあります。

ゴルフ場利用税 地方税

ゴルフ場を利用する人が納める税金が、ゴルフ場利用税です。ゴルフ場には、ホール数や利用料金などを基準に等級が割り当てられており、その等級によって税額が「1人1日○○円」と決まっています。

地方税なので、等級の数や税率は地域によって少しずつ違っていますが、標準税率が800円、上限が1200円という点は地方税法で定められています。

税収は減収傾向にあり、2014年（平成26年）の税収は、1992年（平成4年）の1035億円の半分にも満たない479億円となっています。

例：東京都のゴルフ場利用税

等級	1級	2級	3級	4級	5級	6級	7級	8級
税率	1200円	1100円	1000円	900円	800円	600円	500円	400円

※東京都主税局ホームページより

とん税・特別とん税 国税

とん税とは、外国の貿易船が日本の港に入港する際、その港ごとに支払う税金です。港の施設の使用、荷揚げ・荷下ろしや通関手続きなど、さまざまな行政サービスを受けることに対する料金みたいなもの、と考えればよいでしょう。基本的に船長が支払う決まりで、国へ納付されます。

特別とん税は、地方自治体の財源として設けられ、税額がとん税よりも高くなっています。現在は、とん税と特別とん税、両方をあわせて徴収されています。

とん税・特別とん税の違い

納付方法	純トン数１トンあたりの税額	
	とん税	特別とん税
港へ入るたびに納付	16 円	20 円
港ごとに１年分を一度に納付	48 円	60 円

※横浜税関ホームページより作成

電源開発促進税 国税

電気事業者に対する税金で、1974 年度（昭和 49 年度）からスタートしました。当時はオイルショックで、石油に代わる新しいエネルギーの開発が急がれた時代でした。水力、地熱、原子力などの発電施設の設置が急務とされ、そのための費用として制定されました。発電所などの電力施設を充実させつつ安全に稼働させること、電力供給をスムーズにすること、などの目的税です。税額は、1000kWh の発電ごとに 375 円です。

登録免許税 国税

土地や建物などを購入したり、家を新築したりしたときなどは、建物の住所や構造、所有者の情報などを「登記簿」というリストに登録しなければなりません。これを「登記」といい、そのための手数料として登録免許税を支払います。税額は、その土地や建物の評価額（毎年

発表される基準価格)、もしくは債権の額と決められた税率から算出されます。

また、会社を設立したり、お店を開店したりしたときなども、商業登記が必要なことから、登録免許税が徴収されます。なお、経済政策などで、一定の条件で税率が軽減されることもあります。

自動車重量税 国税

自動車の重さによって支払う税金が、自動車重量税です。最初は新車を購入（新車登録）した時に支払い、そのあとは数年に1度の車検のときにまとめて支払います。

当初は道路の整備補修などに使われる目的税（道路特定財源）でしたが、2009年（平成21年）に一般財源化されました。

税額は乗用車、軽自動車、貨物車両、特殊車両、二輪車などによって異なり、一定重量ごとに税額が変わるものと、一律のものとがあります。また、登録時から13年目、18年目に税率が上がります。

近年は、環境に優しい自動車の購入をうながすために、25～100%の「エコカー減税」が注目を集めています。

印紙税 国税

預金通帳や5万円以上の領収書、不動産取引などの契約書、手形、株券・証券などの文書を作成するとき、その書面には記載する金額などによって決められた「収入印紙」を貼り付けなければなりません。その収入印紙を購入し、ハンコを押すことで「文書に対する税金を納付した」とみなされることから、印紙税と呼ばれます。

収入印紙には1円から10万円まで31種類あり、財務省が発行しています。収入印紙の購入費用は、租税や行政に対する手数料として使用されます。

死んでも税金を払うの!?

もちろん、死んでからも本当に税金を払うわけではなく、死んだ人の財産をもらった人が納付するのが「相続税」です。でも、親の持ち物をもらうだけなのになぜ？　というのは、誰もが思う疑問でしょう。そんな相続税について見てみましょう。

亡くなった人から受けついだ財産にかかる税金

相続とは、親族（親や結婚相手など）が亡くなった際に、故人の財産や地位、権利などを受けつぐこと。それら受けつぐもののうち、土地や建物などの不動産、貯金などの金銭を中心とする財産を相続した場合に、**相続税**がかかります。とはいえ、財産すべてにかかるのではなく、葬儀費用や非課税分などを引いて残った額に課税されるしくみです。

相続税は、故人の財産に税金が課せられているわけではなく、あくまでも財産を受け取った人（**相続人**）が働かずに得た所得として、相続人に税金が課せられます。また、富裕層や資産家などの場合、特定の人に財産が集中しないようにするため、という意味もあるようです。

誰が相続人になるの？

では、財産を相続できる人は、どう決められるのでしょう。4つのケースがあります。
❶遺言で指定された親族が相続
❷法律にのっとって分配・相続

❸生前に故人との契約により相続
❹故人の意思で生きているうちに相続（**生前贈与**）

❶、❸、❹は故人の意思が明確ですが、たいていの場合は❷。図のように、法律にのっとって分配することになります。

● 4人家族で配偶者が亡くなった場合

 配偶者 1/2　 長男　長女　1/2を2等分

● 夫婦だけで配偶者が亡くなった場合（父母は健在）

 配偶者 2/3　  夫の父母　1/3を2等分

● 夫婦だけで配偶者が亡くなった場合（父母も故人）

 配偶者 3/4　  夫の兄弟姉妹　1/4を人数で割る

借金も相続するの？

「相続」「遺産」というと、お金や土地のイメージがありますが、実は借金も故人の残した財産で、相続すべき遺産に含まれます。そうした**負の遺産**を相続した場合、故人に代わって相続人が借金を返済しなければなりません。その借金がとても返済できない金額である場合などは、3カ月以内に家庭裁判所へ申請すれば、相続を放棄することができます。ただし、預金や土地などのプラスの遺産も放棄することになります。

生きている人からもらったら「贈与税」

相続に関連するトラブルは小説や映画にかぎった話ではなく、私たちのまわりで実際に起こりうる現実です。そんなトラブルを避けるために、遺言書を残す人や、生前贈与を行う人が増えています。生前贈与は、故人が生きているうちに財産を譲りわたすこと。1人あたり年間110万円までは税金（**贈与税**）がかかりません。もし毎年110万円ずつ、5年間で550万円をわたしても非課税となります。しかし、年110万円を超える額であれば、金額によって10～55％の贈与税を納付しなければなりません。

第3章　税金の種類を知ろう

住んでいる地域に払う 住民税

　私たちが住んでいる都道府県、市区町村が行う福祉や教育、防災、ごみ収集などの環境整備……。身近な行政サービスの費用は、住民税から出ています。しかし、ひとことで「住民税」といってもいろいろあるようです。

住民税は翌年に払う

　国民（市民）が納付する住民税には、道府県民税と市町村民税*があり、あわせて「**個人住民税**」といいます。お金の行き先は違いますが、一緒に納付すること、税金の使い道が同じであることから、一般的にはあまり区別しません。会社員であれば毎月給料から引かれて納付され、自営業などであれば確定申告をしたうえで納付します。

　住民税は、給料などの収入をベースにしている点で所得税とほぼ同じですが、所得税のように所得のあった年に納付するのではなく、次の年に納付します。そのため、前年は景気がよくていっぱいかせいだけれど今年はさっぱり……という人や、定年退職した人などは、翌年に収入が少なくても、たくさん納税しなければなりません。

東京都の住民税のおもな算出方法

所得割 ➡ 前年の所得に応じて課税する
（前年の総所得額など − 所得控除額）× 税率 − 税額控除額

均等割 ➡ 所得額にかかわらず定額で課税する
都民税 1500 円 ／ 市区町村民税 3500 円

非課税 ➡ 所得額が一定額以下の人、生活保護を受けている人など

＊道府県民税には都民税（東京都）が、市町村民税には特別区民税（東京都 23 区）が含まれています。

法人も住民！？

　住民税は会社や組織などの法人も納付します。これを「**法人住民税**」といいますが、しくみは個人住民税と同じようなもので、事務所や事業所（支社や工場）のある都道府県、市区町村へ納付します。税額の計算方法は法人税額を基準とする法人税割と、従業員数などによる均等割とがあります。個人住民税との大きな違いは、道府県民税と市町村民税を常に分けて考えなければいけないことと、各都道府県・市区町村へ確定申告して納付することです。

収入の多い自治体と少ない自治体

　住民税は、その自治体に住んでいる人へ課せられる税金ですから、その税収額は当然人口に左右されます。税収の多い都道府県、少ない都道府県を見てみましょう。

住民税収入が多い都道府県

順位	都道府県名	住民税合計
1位	東京都	3兆0821億円
2位	神奈川県	1兆3188億円
3位	愛知県	1兆1161億円

住民税収入が少ない都道府県

順位	都道府県名	住民税合計
1位	鳥取県	472億円
2位	島根県	603億円
3位	高知県	605億円

※総務省『平成26年度都道府県別税目別市町村税の徴収実績調』『平成26年度道府県税徴収実績調』より作成

その地域に住んでいなくても住民税を払う？

　住民税は、毎年1月1日の時点で住んでいる都道府県・市区町村へ納付する決まりになっています。例えば、年明け早々に転勤で他の土地へ引っ越しても、引っ越し前の自治体へ納付しなければなりません。翌年からは、引っ越し後の自治体へ納付します。

　税金をはじめとする行政の重要なお知らせは、住民票をもとに発送されるので、引っ越したら、すみやかに役所に届けるのが基本です。

住民税以外の地方税

地方税は、都道府県や市区町村を運営するための重要な財源です。それらの中には、その自治体の税収の大半を占める税もあれば、しくみはあるものの実際には徴収されていない税もあります。

 ## さまざまな地方税を知ろう

固定資産税

土地や住宅、店舗、工場、事務所などの建物、事業で使用する機械や構築物などを「固定資産」と呼び、それに課せられる税金が固定資産税です。それらの所有者として登記・登録されている人が、市町村（東京都23区は都）へ納付します。

所有する固定資産が都市計画区域（都市として総合的に整備・開発・保全が必要とされるとして指定された区域）にある場合、都市計画税もかかってきますが、両方課税される場合と固定資産税のみの場合があるようです。

税収として大きな割合を占める市町村も多く、横浜市（神奈川県）の場合は、2645億円（2015年度）と市の税収の約37％を占めています。

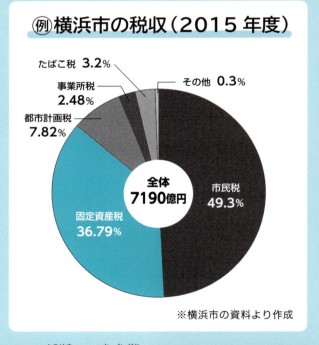

例 横浜市の税収（2015年度）

全体 7190億円
市民税 49.3%
固定資産税 36.79%
都市計画税 7.82%
たばこ税 3.2%
事業所税 2.48%
その他 0.3%

※横浜市の資料より作成

98

都市計画税

都市計画区域にある土地・建物の所有者で、固定資産課税台帳に記載されている人が納める税金です。毎年1月1日時点での所有者に対して課せられますが、土地や家屋の売買が発生した場合は、その物件を引きわたす時点で新しい所有者が清算することになっています。基本的には固定資産税とともに市町村（東京都23区は都）へ一括納付され、徴収した税金は都市整備の費用にあてられるため、目的税とされています。課税されるかどうかは、市町村の条例に基づいて決められます。

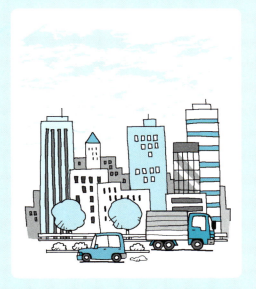

不動産取得税

土地や建物を買った、家を建てたなど、その年に不動産を入手した人が課せられる税金です。譲り受けた人、交換した人、改築した人も対象ですが、相続による場合は対象外になります。この税に関しては、不動産取得後に都道府県から納税通知書が届くので、それを使用して銀行や郵便局などで納付します。

国民健康保険税

国民健康保険に加入している世帯の世帯主に課せられる税金です。国民健康保険に関する費用として使用する目的税で、税額はその世帯で国民健康保険に加入している人数と前年度の所得金額などから算出されます。

国民健康保険に関するお金には、「国民健康保険料」と「国民健康保険税」の2つがあります。

基本的には「国民健康保険料」ですが、「国民健康保険税」のほうが、①滞納に対する時効が長い、②差し押さえの順位が保険料よりも上、③最長3年まで過去にさかのぼって徴収できる、といった利点があるため、自治体の多くが国民健康保険税を採用しています。

事業税

　事業税には2種類あります。法人が行う事業に対して課せられる「法人事業税」と、個人の事業に対して課せられる「個人事業税」です。そのうち法人事業税は、その都道府県に事務所や事業所（支社や工場）を持っている法人が対象で、社団法人や財団法人などでも利益の出る事業であれば納税義務が発生します。

　税率は所得によって異なり、また、資本金1億円以上の法人は外形標準課税（資本金や従業員数、床面積などを課税の算定基準として盛り込むシステム）を採用していて、法人かどうか、所得の状況、収入や資本などで細かく設定されています。

　2008年（平成20年）の税制改正で法人事業税は引き下げられていますが、下がった分は地方法人特別税（国税）として法人事業税と一緒に都道府県が徴収しています。

地方法人特別税 国税

　以前から、事業税が都道府県により大きな差がある点が問題となっていました。そこで、かたよりを少なくする目的で作られたのが「地方法人特別税」です。

　まずは従来の法人事業税を引き下げ、その下がった分を地方法人特別税とすることで、トータルの税額に変化がないよう配慮しています。

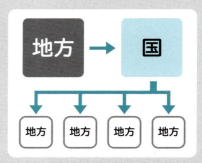

　徴収された税金はいったん国が管理し、各都道府県の人口や総従業員数などに応じて再分配されます。そのため、実際は国税です。しかし、徴収は都道府県が行うなど、実体は地方税としてあつかわれます。

　2017年度（平成29年度）以後に廃止されることが決まっています。

事業所税

　一定の規模以上の事業を行う事業主に課せられる税金で、市町村（東京都23区は都）へ納付します。都市環境を整備するための財源となる目的税で、昭和50年（1975年）に創設されました。

納付対象となるのは、同じ市町村（または 23 区）内にある事業所の総床面積が 1000 平方メートルを超える場合、または従業員数が 100 人を超える場合で、前者を「資産割」、後者を「従業者割」として、税額の算出方法を変えています。

共同施設税

自治体が所有する公民館や体育館、消防施設、ごみの集荷場、汚物処理場などの共同施設を維持・管理するための財源となる目的税です。納税するのは、その自治体に住んでいる住民です。

この税は、地方税法で定められている税金ですが、1972 年度（昭和 47 年度）以降、実際に課税している自治体はありません。

特別土地保有税

土地の有効利用をうながすとともに、投資目的などによる土地の取引をおさえる目的で、1973 年（昭和 48 年）に設けられた税です。一定の規模以上の土地を所有して 10 年以内の人、あるいは土地を取得した人に課税され、市町村に自己申告して納付します。東京都 23 区に限っては都税とされているため、都に納付します。

しかし、昨今の日本経済の状況から、2003 年度（平成 15 年度）分以降の新たな課税は停止されています。

水利地益税

河川や運河といった水路の維持・改修に関する水利事業、林道などに関する事業、都市計画に関する事業などに限定して使用される目的税です。

納税するのは、それらの事業によって利益を受ける土地や家屋の所有者で、土地の面積や家屋の価格などから税額が算出されます。また、税率は自治体によってばらつきがあります。総務省の統計によると、平成元年度（1989 年度）の 2 億 5400 万円から年々減り続け、2014 年度（平成 26 年度）には 2900 万円となっています。

自動車取得税

　自動車の購入・所有に関連する税金は、自動車の重さに関する自動車重量税（国税）のほか、自動車取得税と自動車税（軽自動車税）があります。

　そのうちの自動車取得税は、50万円を超える自動車を購入した際に納付する税金で、一緒に購入したカーナビやエアコン、ETCなどのオプション装備の価格も加算されるのが特徴です。地方税ですが、エコカー減税が適用されます。

　なお、消費税が10％へ増税されるタイミングで、廃止されることが決まっています。

自動車税

　自動車税は、自動車を所有している人が納める税金です。自動車の種類や用途（自家用か営業用か）、排気量などによって税率が違います。また、排出されるガスの清浄化や燃費性能の優れた車両を優遇する「グリーン化税制」の対象となっており、一定の基準を満たせば新車登録の翌年度分の自動車税が減税されます。それ以降は経過年数や性能によって異なり、増税になる場合もあります。また、エコカー減税の対象にもなっています。

軽自動車税

　軽自動車税は市区町村に納める税金で、バイクや原動機付自転車、軽自動車、フォークリフトなどの小型特殊自動車を持つ人が納付します。

　毎年4月1日時点での所有者に課せられるため、もし4月2日に車を手放したとしても1年分が課税されます。自動車に比べて軽自動車は税金が大幅に安かったのですが、2015年（平成27年）4月1日以降の新車登録から値上げされ、差が縮まりました。

鉱産税

　鉱産税は、鉱物を採取した人や事業者が、採掘場のある自治体に納める地方税です。鉱物を運搬する際に、重いダンプカーなどが通ると公共の道路や橋などが損傷するため、その補修費を徴収するといった目的があります。鉱物には、石灰石や金、銀、銅のほか、石油、石炭、アスファルトなど、約40種類が対象になっています。

　税率は、掘り出された鉱物の価格を基準に決まり、自ら申告し、納付します。税率は自治体により若干ばらつきがあるようですが、おおむね次の通りです。

- 鉱物の価格が1カ月で200万円超の場合：1％
- 鉱物の価格が1カ月で200万円以下の場合：0.7％

鉱区税

　鉱区税は、地下に埋まっている鉱物を掘り出す「鉱業権」を持つ業者に課せられる道府県税です。鉱業権は、鉱区を直接的に支配する権利で、その権利を得る代わりに税金を支払う、と考えるとわかりやすいでしょう。税率は面積によって決まっています。この税は、鉱山とは無縁と思われがちな東京都にも存在し、2014年度（平成26年度）には約220万円の税収がありました。

狩猟税

　鳥や獣を対象に狩りをするには、狩猟免許を取得したうえで、都道府県へ申し出て狩猟者登録をします。狩猟税は、その登録者に課せられる地方税です。銃は何を使うか、網なのかワナなのかで税率が分かれています。また、同じ銃でも道府県民税の納付が必要かどうかでも違います。

　レジャー目的の狩猟を除き、有害鳥獣の捕獲許可を得ているか、認定事業者かなどで減免措置があり、2019年3月31日までの限定で行われています。

海外との貿易にかかる税金

自動車、化粧品、バッグ、輸入食材・食品……。外国から輸入されてくるものには、高額なものがたくさんあります。外国から日本へ何かを持ち込むには、運搬費用のほかに関税がかかります。関税とは、どういったものなのでしょうか？

国内の産業を守る「関税」

外国から日本に物を輸入するときにかけられる税金が「関税」です。企業が大規模に輸入する場合はもちろん、個人的な持ち物や買い物の品でも、特定の商品や決められた分量よりも多い場合に、関税がかけられます。

関税の目的は、国内の産業と安全を守ることです。例えば、安い農作物が大量に輸入されてくると、国内で作った農作物が売れなく

関税収入額の推移 （単位：億円）

※財務総合政策研究所『財政金融統計月報』第761号より作成

なります。すると、農家の収入が減り、農業をする人が減ってしまいます。これは農作物に限らず、さまざまな分野でも同じです。関税をかけることで、貿易の自由を維持しながら国内の産業を守ろうとしているのです。

関税はいろいろな基準でかけられる

関税の税率は、商品の価格や重さ、数、容積などによって細かく決まっています。また、季節ごとに出回る品物の量によって税率が変わるものもあります。これには、国内に出回る商品の数

や量、価格水準を一定に保つことで、国内産業が常に成長できるようにという目的があります。

その一方で、「国境に関係なく人や物の行き来を活発にして、複数の国の経済を成長させよう」という試みが世界各地で進んでいます。**TPP（環太平洋パートナーシップ）協定**や**自由貿易協定（FTA）**などは、その動きの一例です（→ 124 ページ）。

いろいろな関税の種類

従価税	輸入品の価格に対してかけられる。高額な品物ほど高い。
従量税	重量、数量、容量などに対してかけられる。重いもの、量が多いほど高い。
混合税	従価税と重量税があわさったもの。同時にかける場合と選択する場合がある。
差額関税	輸入品の価格が低い場合、国内の水準とあわせるためにかけられる。
スライド関税	価格変動の激しい品物に対して、その時の価格によって課税するかどうかが決まる。通常は輸入品が安い時に関税をかけ、高い時に無税とする。
季節関税	輸入される時期によって税率が変わる。国内にその品物（国産品）が多く出回る時期かどうかで変わる。

「免税店」って何？

免税店は「税金を免除するお店」のことで、次の2種類があります。

保税免税店（Duty Free Shop）は、おもに国際空港の出発カウンターを入ったところにあり、消費税や酒税、たばこ税、関税などが免除されます。これは、税法では「飛行機や船に乗り込んで他国で入国手続きをするまでは、どこの国にも属さない」と解釈されるためです。そのため、外国人旅行者などの「**非居住者**」と呼ばれる人たちだけが、保税免税店の利用者となります。日本人でも、外国に2年以上滞在している人は利用できます。最近では、繁華街などに保税免税店を出店する動きもあります。

消費税免税店（Tax Free Shop）は、消費税のみ免除されるお店です。町中にもありますが、対象客は保税免税店と同じく非居住者です。

ほかにもこんな税金が！？

国に納める税金は所得税法や消費税法などの法律で、都道府県や市区町村へ納める税金は地方税法で決まっています。しかし、それ以外にも納めるべき税金があります。それが「法定外税」です。では、どんなものがあるのでしょうか？

法定外税には2種類ある

法定外税は、総務大臣の同意のもと、都道府県や市区町村が条例によって定めています。そのため、その地域に住む人、そこを訪れる人に密接な税金といえるでしょう。

法定外税は、徴収したお金の用途を限定しない「法定外普通税」と、特定の目的や用途で使用することを約束した「法定外目的税」の2種類があります。右の図の通り、全体で見ると大きな財源に見えますが、日本の地方税収の0.1％程度の金額です。

法定外普通税 … 合計329億円

都道府県
石油価格調整税／核燃料税／核燃料等取扱税／核燃料物質等取扱税

市区町村
砂利採取税等／別荘等所有税／歴史と文化の環境税／使用済核燃料税／狭小住戸集合住宅税／空港連絡橋利用税

法定外目的税 … 合計100億円

都道府県
産業廃棄物税など／宿泊税／乗鞍環境保全税

市区町村
山砂利採取税／遊漁税／環境未来税／使用済核燃料税／環境協力税

※金額は総務省『法定外税の状況』（2016年4月1日現在）より

核燃料税は法定外税中でもっとも大きな財源

原子力発電所が設置されている自治体の中には、条例により設置者（電力会社）に核燃料の使用に対する納税を義務付けています。

納付する額は、核燃料の価格と発電した際の出力から算出して、最終的な額を決めるしくみに

なっています。自治体によって、「**核燃料税**」「**核燃料等取扱税**」「**核燃料物質等取扱税**」などと名前が違いますが、おおむね同じと考えてよいでしょう。また、新潟県柏崎市や鹿児島県薩摩川内市のように、使用済みの核燃料に対して税金をかける自治体もあります（**使用済核燃料税**）。

これら核燃料に対する税額は、合計300億円（2016年4月現在）を超えています。

環境保護のための税金って何？

環境保全活動に関する税金を導入した自治体もあります。

沖縄県の伊是名村、伊平屋村、渡嘉敷村では、**環境協力税**を設けて、区域内へ入る観光客などから1回につき100円を徴収しています。徴収したお金は、自然環境の美化・保全、観光施設やキャンプ場などの整備・維持など、今ある自然を継続して残すために使われます。岐阜県では、「**乗鞍環境保全税**」として、乗鞍地域に自動車で立ち入る人たちから、自動車の大きさ（乗車定員）に合わせた金額を徴収しています。

これらは各自治体が地域限定で採用している税ですが、もっと大きな視点から地球環境保全のための税金を作ろうという動きが、環境省を中心に進められています（➡ 132ページ）。

こんな税金もあるの？

日本全国、その土地柄に合わせて独特の税があります。その一部を簡単に見てみましょう。

ちょっと変わった法定外税

税	自治体	概要
宿泊税	東京都	東京観光の振興の費用とする。都内のホテルや旅館に宿泊する人から、宿泊料金により100～200円を徴収。
狭小住戸集合住宅税	東京都 豊島区	せまい集合住宅を減らし、戸建住宅供給への支援を行う。狭小住宅1戸につき50万円を申告納付。
歴史と文化の環境税	福岡県 太宰府市	市の文化遺産や観光資源の保全と整備などに使用。一時有料駐車場の利用者から車の大きさにあわせて100～500円徴収（二輪車は50円）。
別荘等所有税	静岡県 熱海市	ごみ処理場や上下水道の整備、消防・救急車の整備等に使用。別荘や寮、保養所などの所有者から1平方メートルにつき650円を徴収。
遊漁税	山梨県 富士河口湖町	違法駐車、トイレ不足による汚染、廃棄された釣り具による環境汚染などを防止する。釣り客から1回200円を遊漁券の購入時に徴収。

第3章 税金の種類を知ろう 107

税金の安い国へ資金を移す？

お金をかせいだ人・企業ほど多く納めなければならない税金。でも、もしどんなにかせいでも、ある方法を使って税金を少ししか納めていない人や企業があるとしたら……。世界中で問題となったその方法「タックスヘイブン」とはどんなものでしょうか？

「タックスヘイブン」って何？

タックスヘイブン（Tax Haven）は「**租税回避地**」と訳されます。外国企業に対する税が非常に少額、または0の国や地域のことで、「その地域をより発展させるために外国企業を呼び込もう」というのが当初の目的でした。

その地域に会社を設立して、融資や投資、支払いといった名目で資金を出すと、帳簿上は支出となり、会社の利益は少なくなります。利益が少なければ自国で支払う税金も少なくなります。設立された会社が活動しなければ、その会社へ支払った資金は消費されずそのまま貯まっていくしくみです。このしくみは企業だけでなく、お金持ちが個人で利用しているケースもあります。

世界に散らばるタックスヘイブン

ヨーロッパ
- モナコ公国
- リヒテンシュタイン
- ジブラルタル
- マン島

カリブ海
- ケイマン諸島
- バミューダ諸島
- パナマ
- バハマ

オセアニア
- マーシャル諸島
- クック諸島
- バヌアツ
- サモア

リベリア

バーレーン

日本もタックスヘイブンで巨額の税逃れ

　タックスヘイブンの中でも有名なのが、カリブ海に浮かぶケイマン諸島です。日本銀行によると、ケイマン諸島への証券投資額は年々増え続け、2015年（平成27年）現在で約74兆円に上ります。これは、アメリカへの投資に次いで2番目の多さだといわれています。

　もちろん、74兆円すべてが税逃れだとはいえません。しかし、ケイマン諸島へ流れた資金がどのように、どれだけ使われたのかという点もはっきり見えてこないのが現状です。

タックスヘイブンを防ぐには？

　タックスヘイブンには、企業の情報公開を妨げる法律や制度があったり、会社の持ち主がわからず、資金や資産の所有者が匿名になっていたり、会社の事業や活動を報告する義務が現地になかったりして、実情がなかなか見えません。

　こうした要因を排除しようと、世界各国が動き出しています。2013年（平成25年）の主要8カ国首脳会議（G8サミット）では、「各国で情報を自動的に共有する」「各国が資金や利益の移転ルールを変更する」「企業の所有者を明確にし、課税当局が情報を容易に入手できるようにする」「途上国も必要な情報と能力を持つ」などの項目をもりこんだ「**ロック・アーン宣言**」を発表し、タックスヘイブン根絶に向けた大きな一歩をふみ出しています。

「パナマ文書」って何？

　近年、パナマという国にある法律事務所から流出したファイル「パナマ文書」が大問題となっています。その中には、タックスヘイブンの地・パナマを利用している企業と顧客とのやりとりや書類など、1150万点もの膨大な情報が含まれていました。

　そのため、タックスヘイブンを利用する国や企業、代表者名、投資目的なのか税金逃れなのかが明確になりました。現在は各国で調査が進められていますが、すでに辞任する政治家なども出てきています。

第3章　税金の種類を知ろう　109

税金にまつわる裁判や争い

税金にまつわる裁判や争いといえば、脱税をイメージしてしまいますが、それだけではありません。過去にはさまざまな裁判や出来事があり、現在も明確に解決していないものもあります。その中でも一風変わった出来事を3つご紹介しましょう。

❶ 馬券で大もうけ！ はずれ馬券は経費になる？

　勝馬投票券（馬券）を購入して、1位になる馬を当てる競馬。競馬でもうけたお金（払戻金）は50万円まで非課税ですが、50万円を超えると課税されます。

　2013年（平成25年）、この払戻金で歴史的な裁判の判決がありました。28億8000万円をもうけたものの申告をせず、5億7000万円を脱税したとして、Aさんが国税庁から訴えられたのです。裁判でAさんは、競馬は自分の仕事だから、払戻金は**一時所得**ではなく**雑所得**（→**77ページ**）であると反論しました。そして、3年間のほぼすべてのレースで100通りの組み合わせを買ったのだから、はずれ馬券にかかったお金は仕事の「**必要経費**」だと主張したのです。一時所得では、馬券の購入費は必要経費とはなりませんが、雑所得では必要経費となります。つまり、Aさんの主張では、実際の所得は払戻金の28億8000万円ではなく、馬券の購入費を引いた1億4000万円だというのです。

　結局、判決でAさんは、無申告では有罪（執行猶予）となりましたが、脱税した額については、Aさんの「はずれ馬券も経費」とする主張が認められ、5200万円とされました。

　しかし、これはあくまでも例外。Aさんほどの時間とお金をかけて競馬をしないかぎり、払戻金は一時所得となります。

❷ 童謡か歌謡曲かで税金が違う？（物品税の時代）

　1940年（昭和15年）から1989年（平成元年）の消費税導入までの間、生活必需品を除く自動車や電化製品、宝飾品などのぜいたく品、趣味の品目などには「物品税」が課せられていました（→27ページ）。音楽を録音したレコードも課税対象でしたが、「子どもの教育のため」として、童謡を非課税としたことから大きな問題に発展しました。

　かつて大ヒットした『およげ！　たいやきくん』は、童謡なので非課税とされ、アニメソングも同じく非課税とされました。ところが、『タッチ』（アニメ「タッチ」の主題歌）や『愛をとりもどせ!!』（アニメ「北斗の拳」の主題歌）などは課税対象とされたのです。また、『めだかの兄妹』では「歌詞やメロディーが子どもにふさわしく、容易に口ずさめるため子ども向け」とするレコード会社と国税庁が対立し、裁判で課税が確定しました。

❸ 第3のビールは、発泡酒なのか？（酒税の区分）

　仕事やお風呂のあとに大人が飲むビールは、1キロリットルあたり22万円とかなり割高な税率です。その分、売れなければメーカーやお店の利益は少なくなります。そこで考え出されたのが、"第3のビール"です。

　当初、第3のビールは使用する麦芽の量を減らして、もっとも安い税率（1キロリットルあたり8万円）のお酒として販売されました。しかし、国税庁は「発泡酒（1キロリットルあたり13.4万円）なので、追加で税金を納めるように」とメーカーに通知。メーカーは115億円を納税しました。

　ところが、のちにメーカーが、「酒税法の定義と照らしあわせると、第3のビールは『その他の発泡性酒類』に当てはまるはずだ」として、国に納めた税金の返還を求めましたが、拒否されました。今後、裁判に発展する可能性もあります。

年金や健康保険などは税金ではないの？

コラム

税金ではないけど、毎月支払っているものがほかにもあります。

まず、**年金**は、20歳になると同時に強制的に加入する制度で、老齢になった際に毎年一定額のお金を受け取れるよう、少しずつ支払い続けていくしくみです。年金は、日本年金機構によって運営・管理されています。学生や自営業の人が加入する**国民年金**、会社員が加入する**厚生年金保険**などがあり、それらの規約や年齢に応じて、60歳になるまで一定の額を支払います。

次に、健康保険には「国民健康保険料」という場合と、「**国民健康保険税**」という場合があり、「税」とした場合は税金です。どちらの場合も機能的には同じで、病気やけが、出産や死亡などに備える医療保険制度です（➡99ページ）。

本来、私たちが病院へかかるとその実費は非常に高額になります。何万円～何百万円にもなる医療費を、その何十分の一という少ない金額で治療できるのは、健康保険が7割～9割を負担しているからです。保険料（税）は、私たち被保険者と会社などの事業主が分担して支払います。

最後に、NHKの**受信料**は、受信契約を結んだ上で徴収される公共料金です。NHKは放送法で定められた公共放送で、政治から中立な立場で、情報を日本全国のすみずみまで伝える義務を負っています。そのため、国の税金と独立して受信料でまかなわれています。

第4章

もっと知りたい！税金のこと

第4章で学ぶこと

第4章では、税金にまつわる近年の出来事を中心に、「マイナンバー制度」「ふるさと納税」「TPP協定」など、今、知っておくべきキーワードを学べます。

「控除」って何？

➡ 控除は最低限の生活を守るためにある ·················· 116ページ

ニュースによく出てくる「マイナンバー制度」って何？

➡ マイナンバー制度と税金は関係あるの？ ·············· 118ページ

マイナンバーで個人情報が知られてしまう可能性はないの？

➡ 個人情報が漏れる危険は？ ································ 119ページ

今、話題の「ふるさと納税」って、どういうもの？

➡ 「ふるさと納税」とは、どんなしくみなの？ ········· 120ページ

復興のためのお金が、関係のないものに使われているって本当？

➡ 「復興予算」は、正しく使われているの？ ············· 122ページ

ニュースによく出てくる「TPP協定」って何？

➡ TPP協定で何が変わるの？ ······························ 125ページ

国の借金を返すために借金をしているって、どういうこと？

➡ 借金を返すために借金をする!? ························· 127ページ

消費税率はこれからも上がり続けるの？

➡ 消費税率を上げるのはむずかしいの？ ……………… 128 ページ

「日本の財政がはたん寸前」って本当？

➡ 日本の財政ははたんするの？ ……………………… 129 ページ

「大きな政府」「小さな政府」って、どういうこと？

➡ 比べてみよう世界の税金 …………………………… 130 ページ

国民に税金を課さない国があるって本当？

➡ 産油国の国民は税金を払わなくていいって本当？
…………………………………………………… 131 ページ

今後、新しい税金がつくられる可能性はあるの？

➡ 新しい税金をつくる動きはあるの？ ……………… 132 ページ

どうすれば税金の無駄づかいを減らすことができるの？

➡ 税金の無駄づかいを減らすには？ ………………… 134 ページ

「社会保障と税の一体改革」って何？

➡ 社会保障と税の一体改革で、社会保障は充実するの？
…………………………………………………… 136 ページ

第4章 もっと知りたい！ 税金のこと 115

租税の平等を守る「控除」

税金は、私たちの生活をよくするために欠かせない財源ですが、人によっては、さまざまな事情で税金を支払うと生活できないというケースも出てきます。そういった状況にある人のために設けられているのが、「控除」です。

控除は最低限の生活を守るためにある

同じ所得があっても、妻あるいは夫を養っている人、子どもがいる人、病気になってたくさんの医療費がかかる人など、人によってかかる生活費は違います。国民全員が平等に税金を払うといっても、その人の経済状態に応じた額でないと、**租税平等主義**（➡17ページ）に反します。そこで、特定のケースに当てはまる場合に適用されるのが、「**控除**」です。

控除のうち、所得控除と呼ばれるものは、一定の基準で控除額を決め、控除を受ける条件に当てはまる場合に、その人の所得からその控除額を引いた額に税金を課すしくみです＊。控除は人々の最低限の生活費から税金を取らないためにあると考えれば、わかりやすいでしょう。

人々の事情によって、さまざまな控除がある

会社員なら毎月の給与から自動的に所得税が差し引かれていますが、この所得税は、毎月の給与の額から会社が算出したおおまかな数字。家族を養っているなどのケースにあてはまれば、「控除」を受けることができます。また、**給与所得控除**や**基礎控除**などのように、無条件に控除されているものもあります。おもな控除には、右ページのようなものがあります。実際には、会社員の人は**年末調整**で（控除の種類によっては、月々の給与から控除されている）、自営業の人は**確定申告**をすることで、控除を受けることができます。

＊控除には、所得額から控除される「所得控除」と、税額から控除される「税額控除」があります。

おもな所得控除の種類と控除が受けられる条件

配偶者控除 配偶者特別控除	妻や夫（配偶者）がいる場合、その所得に応じて、どちらかが受けられる
扶養控除	扶養している（養なっている）家族や親族がいる場合
雑損控除	災害や盗難などで生活用資産が損害にあった場合
医療費控除	自分と家族の医療費が一定額を超えた場合
寄附金控除	国や公益法人などに特定の寄付金を払った場合
社会保険料控除	自分や家族の社会保険料、国民健康保険料、国民年金などを支払った場合
生命保険料控除	生命保険、個人年金保険などの保険料を支払った場合
障害者控除	自分や家族に障害がある場合
勤労学生控除	働きながら大学や高校などに通っている場合
寡婦・寡夫控除	配偶者が亡くなったあと再婚しておらず、誰の扶養家族にもなっておらず、一定の所得以下の場合

配偶者控除が150万円に

　一般的には、給与所得控除や基礎控除の合計は103万円です。つまり、1年の所得が103万円以下の人は所得税がかかりません。さらに、夫婦で働いている場合、一方の所得が103万円以下なら、その人の所得税が0円になるだけでなく、配偶者控除が認められてもう一方も税金が安くなるのです。よって、一方が正社員で、もう一方がパートで働く夫婦の中には、パートの所得が103万円を超えないように働く時間を調整する人が多くいます。しかし、それが女性の社会進出を制限しているという批判もあり、政府は2018年度より、配偶者控除の要件を150万円に引き上げる方針です。

マイナンバー制度と税金は関係あるの？

2016年から本格的にマイナンバー制度がはじまりました。マイナンバーとは、住民票を持つすべての国民一人ひとりに割り当てられた個人番号のこと。大人でも0歳児でももらえるこのナンバー、実は税金と深いかかわりがあるのです。

マイナンバー制度って何？

　マイナンバーとは、住民票を持つすべての国民に割り振られた12ケタの個人番号のことです。マイナンバーが記入された通知カードは、どの家庭にも家族全員分が配布されています。つまり、マイナンバーは0歳の赤ちゃんにも付けられているのです。

　マイナンバー制度とは、社会保障、税金などの情報をマイナンバーで結びつけて、効率よく管理しようというしくみです。将来的には、年金や金融機関の口座などがマイナンバーで管理されることになっています。

マイナンバーで収入が正しく把握される

　国民は、勤務先や報酬の受け取り先、証券会社などの金融機関に、マイナンバーを教える必要があります。また、勤務先や証券会社などは、従業員や利用者のマイナンバーが記入された支払調書を税務署に必ず提出しないといけません。

　支払調書には、勤務先なら報酬、証券会社なら株式などを売買して得た利益や配当金などが記

されています。つまり、税務署がマイナンバーを調べれば、誰がどこからいくら受け取ったのかがすぐに分かるということです。税金を納めていない収入があっても、税務署はそれを把握することができます。

一方、私たちには、社会保障や税金に関して、それぞれ別の役所の窓口に行く必要があった手続きが、簡略化されるというメリットがあります。

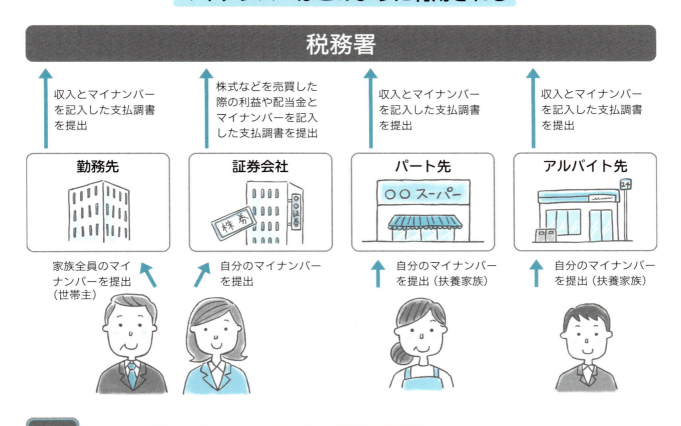

個人情報が漏れる危険は？

マイナンバーは**個人情報**が集約された数字なので、マイナンバーが人に知られると、そこから個人情報が漏れるという危険もあります。

そのため、勤務先や金融機関がマイナンバーを利用するのは、ごく一部の業務に限られていますし、個人のマイナンバーを不適切にあつかったり、不正に取得したりしたときの罰則も強化されています。ただし、インターネット上でマイナンバーのやりとりをするときは、セキュリティに気をつけなければなりません。また、マイナンバーを聞き出そうとする詐欺にも気をつける必要があるでしょう。

「ふるさと納税」とは、どんなしくみなの？

2008年（平成20年）の税制改正ではじまった「ふるさと納税」。全国の地方自治体の中から選んで寄付をすると、お礼の品が贈られるというものです。「ふるさと納税」という名前ですが、実際には「寄付金」としてあつかわれます。

税金ではなく「寄付」

ふるさと納税とは、自分の意思でふるさとや応援したい地方自治体に納税できる制度として誕生しました。実際には、ふるさと納税は寄付となっていて、一定の寄付を行えば、金額にあわせて所得税と住民税から控除されるしくみです。

さらに、寄付をした地方自治体からは、特産品や民芸品、宿泊券などのお礼品を受け取ることができます。

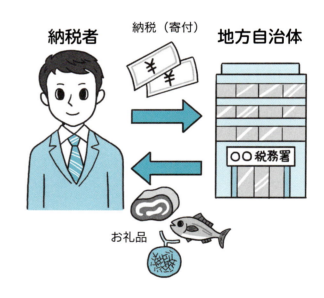

ふるさと納税をすると、控除を受けられる

ふるさと納税には、通常の寄附金控除（→117ページ）に加えて、「住民税の特例分」という特別な控除があります。そのため、寄付した金額のうち、実質的な負担は2000円となります（収入や家族構成により、実質2000円ですむ1年間の寄付金額に上限があります）。つまり、

2000円の負担でお礼品を受け取ることができるので、人気を集めているのです。

さらに、「**ワンストップ特例制度**」がスタートし、寄付をした自治体に申請書を出せば、確定申告なしで税金が控除されるなど、寄付をしたあとの手続きも簡略化されました。

ワンストップ納税のしくみ

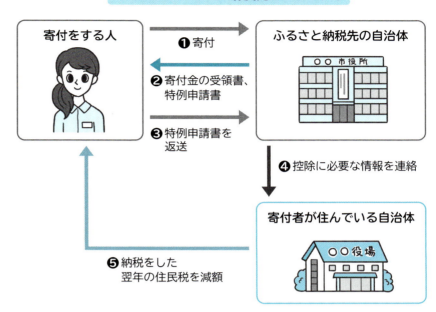

豪華なお礼品目当ての寄付が問題に

ふるさと納税の人気とともに、問題も出ています。自治体の中には、お礼品の豪華さをアピールしたり、プリペイドカードや家電など換金性の高いものを用意したりして、ふるさと納税の本来の目的からはずれたものも登場しました。中には、お礼品の予算が、ふるさと納税の寄付金収入の7割を超えている自治体もあります。

そのため、総務省は、寄付金に対して還元率の高い品や、換金性の高い品の返礼を自粛するように自治体へ通達を出す事態となりました。

一方で、ふるさと納税による寄付金が集まることで、その自治体の行政サービスが豊かになり、人口の流出をおさえる効果も期待できます。自治体によっては、ふるさと納税をどう使うかをホームページで公表しています。それを見て、賛同できる自治体に寄付をするのもいいでしょう。

過大なお礼品の例

- お米 15kg（寄付金1万円以上）
- 200万円相当の牛1頭（寄付金300万円以上）
- 130万円のシルクのコート（寄付金300万円以上）
- 寄付金の半分にあたる額の電子マネー
- 750万円相当の土地（寄付金1000万円以上）

（一部、打ち切りになったものや中止になったものもあります）

「復興予算」は、正しく使われているの？

復興予算とは、東日本大震災の復興のために使われる予算のことです。通常の予算とは区別され、復興特別会計という形で管理されています。税金ですから、私たち国民は復興予算がどう使われているかをきちんとチェックしなければなりません。

一部であまっている復興予算

東日本大震災の復興に使われる**復興予算**は、2011年度（平成23年度）から5年間で25兆5000億円と計画され、そのうち10兆5000億円は、所得税、住民税、法人税などを増税した「**復興増税**」でまかなわれています。

会計検査院（➡135ページ）の調べによると、2011年度から2014年度（平成26年度）までに総額29兆4000億円の復興予算が計上されていましたが、2014年度末には約9兆円が使われずにあまったことがわかっています。復興のための用地を買収できなかった、計画が変更されたなど、事業の遅れが原因とされています。

その一方で、例えば災害公営住宅の供給率が、2015年度（平成27年度）末の見込みで59％にとどまるなど、復興が十分に進んでいるとはいえない状況です。

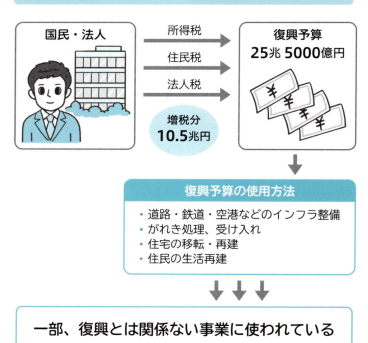

復興予算はこういう流れになっている

震災復興とは関係のないものに使われたお金も

復興予算については、近年になって被災地の復興に直接関係のない事業にお金が使われたことが発覚し、問題になっています。

例えば、震災がれきを受け入れる自治体に対して**復興給付金**が交付されますが、実際には震災がれきを受け入れなかったのに給付金を受け取り、震災とは関係のない事業に流用されている例があります。また、被災者の雇用支援として受け取った給付金を、被災者の雇用とは関係ない人件費として使用した例や、観光PRのためのアイドルやゆるキャラに給付金を使ったという自治体もあります。

自治体だけでなく、内閣府や厚生労働省、環境省なども、復興支援とは関連のない予算の使い方がされているのではないかと指摘されています。

復興予算が復興とは別のことに流用された例

- 震災がれきを受け入れないごみ処理施設の新設と既存施設の改修費
- ウミガメの保護監視、観光客へのマナー向上呼びかけの人件費
- ジャンボタニシの駆除の人件費
- ご当地アイドルイベントの際の人件費
- 観光PR用のゆるキャラの人件費や備品代
- マラソン警備員の人件費
- 東京の税務署の改修費
- 調査捕鯨の支援費
- 海外の青少年の被災地視察費など

税金が正しく使われているか関心を持とう

2017年3月で、震災から6年が経過します。しかし、仮設住宅などでは未だに多くの人が生活しています。被災された人たちが早く日常を取り戻すためにも、国民の税金が復興支援にきちんと使われているか、私たち国民が関心を持ち続ける必要があります。

関税を取り巻く世界の動き

関税は、外国との貿易で税収を得るというよりも、自国の産業を守るためにかけられているといってもいいでしょう。しかし、現在、世界では関税をなくして、自由に貿易ができるようにする動きが出てきています。

関税はないほうがいい！？

　もし、外国から安い商品がたくさん輸入されると、値段の高い国産品は売れなくなります。国産品を値下げしようにも、原料費や人件費を削るには限界があります。そこで、輸入品に**関税**（➡104ページ）をかけて、国内での価格を引き上げています。しかし、関税で外国からの輸入は制限できますが、自国の商品を外国に安く売りたくても、外国が関税をかけていれば、なかなか売れません。

　自動車の生産が得意なA国と、農業が得意なB国があった場合、A国はB国から農作物を買い、B国はA国から自動車を買います。そうすれば、2国はそれぞれ得意な分野に力を入れることができます。これが、**貿易**の本来の姿です。そこで、関税をできるだけなくして、本来の自由な貿易にしていこうという動きが進んでいるのです。

これまでの自由貿易への動き

1948年　**関税および貿易に関する一般協定（GATT）発足**
関税や輸出入規制などを、多くの国々の交渉で取り除こうとした。日本は1955年に加盟。

1995年　**世界貿易機関（WTO）発足**
GATTを発展させて発足。各国で自由に物やサービスを輸出入できるルールづくりを進める。164の国・地域が参加（2016年8月現在）。

2国間で自由貿易を進めるFTA、EPA

　WTOでは、世界中の加盟国が集まって共通のルールづくりを進めてきましたが、各国で考えが違うことから、話しあいではなかなか結論が出せず、自由貿易が進みません。

　そこで、2国間など、少ない国同士で話しあったほうが結論を出しやすいからと、特定の国や地域の間で、独自に貿易協定を結ぶ動きが見られるようになりました。それが、2国（あるいは複数の国・地域）の間で自由貿易を進める「**自由貿易協定（FTA）**」や、貿易だけでなく投資や人の交流などの広い範囲で自由化を進める「**経済連携協定（EPA）**」です。2016年6月現在、日本は16の国や地域とEPAを結んでいます。

日本がEPAを結んでいる国・地域（2016年6月現在）

シンガポール／メキシコ／マレーシア／チリ／タイ／インドネシア／ブルネイ／フィリピン／スイス／ベトナム／インド／ペルー／オーストラリア／モンゴル／ASEAN諸国／TPP諸国（外務省HPより）

TPP協定で何が変わるの？

　最近、テレビや新聞でニュースとなっている、「**TPP（環太平洋パートナーシップ）協定**」とは、太平洋を取り囲む国々でグループとなり、貿易や投資などを自由に行おうという協定です。2006年にシンガポールなどの4カ国で発足しましたが、2013年には日本を含む国々に拡大し、2015年に協定が合意されました（2016年8月現在未発効）。

　TPP協定によって、日本がこれまで高めに設定してきた農産物の関税を、段階的に引き下げたり、なくしたりしなければならなくなります。一方で、日本の輸出産業の中心である、自動車や工業製品などの分野のほとんどで関税がなくなり、日本が輸出で有利になるといわれています。

日本のおもな農産物の関税率

米	1kgあたり341円
小麦	1kgあたり55円
牛肉	38.5%
オレンジ	季節によって16%、32%

TPP協定発効後

米	対アメリカの無関税枠を年7万トンに増加
小麦	9年目までに関税を45%削減
牛肉	10年後20% ➡ 16年目以降9%に
オレンジ	段階的引き下げ ➡ 8年目以降に関税を撤廃

歳出の4分の1が借金の返済！？

日本は、今の社会の形を維持するために、かなりきびしいやりくりをしています。第2章でもお話ししましたが、日本は歳入の多くを借金にたよっていて、その返済のために多くの税金が使われているのです。ここでは、国の借金の実態を見てみましょう。

少子化で減る歳入

今の日本は、若い人の数が減る一方で、高齢者の数が増える「**少子高齢化**」が進んでいます。

日本の出生率＊は、第1次ベビーブーム（1947～49年ごろ）に4.0を超えていましたが、1975年（昭和50年）よりあとは、ずっと2.0を下回ったままです。男性は子どもを産めないので、単純にいえば出生率が2.0以上ないと人口は維持できません。若い人は労働者として税金を納めていますが、その人口が減るということは、納税者が減って歳入も減ることを意味しています。

＊出生率：1人の女性が一生の間に産む子どもの数を表したもの。日本では、おもに合計特殊出生率（15～49歳までの女性の年齢別出生率を合計したもの）を出生率としています。

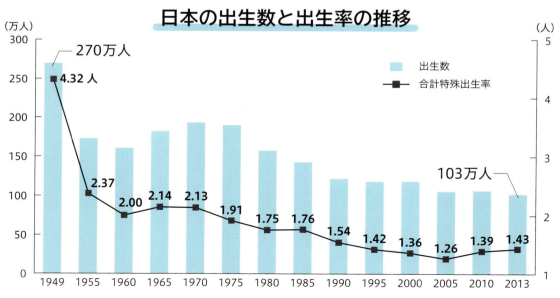

日本の出生数と出生率の推移

※出典：厚生労働省「人口動態統計」（内閣府『平成27年版　少子化社会対策白書』より）

高齢化で増える歳出

左ページの図の通り、出生数や出生率は大きく下がっています。これは、人口の減少とともに人口全体に占める高齢者の割合が高くなることを意味します。実際、65歳以上の高齢者の数は2948万人で、全人口の約23％を占めています（2010年国勢調査より）。

高齢者の中には、現役でバリバリ働いている人もいますが、引退する人も多く、それだけ税収は少なくなります。また、高齢者ほど医者にかかることが増えるので、医療費は増えます。社会保障費は、2025年度に約148兆8000億円に増加すると見られています。

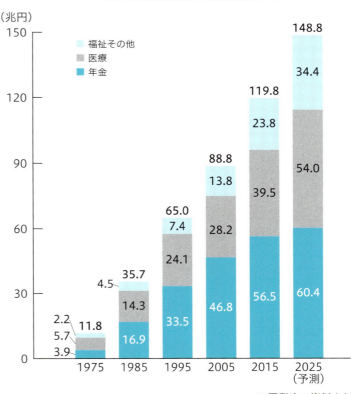

社会保障給付費の推移
※国税庁の資料より

借金を返すために借金をする！？

日本では、歳出が税収を上回る状態がずっと続いています（➡41ページの図）。

収入が足りない分は、国債を発行しておぎなっていますが、国債は時期が来たら返さないといけない「借金」です。2016年度（平成28年度）末の公債残高は約838兆円で、税収の約15年分となります。

2016年度の予算によると、歳入の35.6％が国債などの発行でおぎなっていて、歳出の24.4％が国債の返済と利子の支払い（国債費）に使われています。つまり、借金を返すために、借金を続けているのが、日本の現状なのです。

消費税率を上げるのはむずかしいの？

2016年（平成28年）現在、消費税の税率は8％となっています。はたして、この税率は高すぎるのでしょうか、低すぎるのでしょうか？　また、消費税率を上げると、どんな影響があるのでしょうか？　ちょっと考えてみましょう。

 ## 10％になることは決まっているが……

2012年（平成24年）6月、これまで5％だった**消費税**の税率を、2014年4月に8％、2015年10月に10％とすることが、民主党（当時）、自由民主党（自民党）、公明党の3党で合意されました。

2014年4月には、消費税率8％への増税が予定通り実施されましたが、10％への増税は、2017年4月と2019年10月（予定）の2度にわたって延期されています。

3党の合意では、消費税の増税にあたっては、景気を良くすることが条件とされ、そのための施策を進めることが決められていました。10％への増税が2度も延期されたのは、増税を行うことで景気が悪くなると考えた当時の安倍晋三内閣の判断によるものです。

これまでの経緯

2011年12月	野田佳彦内閣（当時）が14年4月に8％、15年10月に10％の素案を決定
2012年6月	民主党（当時）、自由民主党（自民党）、公明党の3党で合意
2012年12月	衆議院議員選挙で自民党が勝利し、安倍晋三内閣発足
2014年4月	消費税率を5％から8％に引き上げ
2014年11月	安倍内閣、消費税率10％への引き上げを17年4月に延期と表明
2016年6月	安倍内閣、消費税の増税を19年10月に延期と正式表明

日本の財政ははたんするの？

　日本の借金（公債残高）は800兆円を超え、世界でも有数の借金国であるといえます。2009年（平成21年）にギリシャの財政危機が表面化したときは、一部の学者や評論家の中に「いずれ日本もはたんする」と予想する人が出てきました。一方で、日本の国債を買っているのが、おもに日本銀行などの日本の金融機関であることから、すぐに財政がはたんするとは考えられないという意見もあります。とはいえ、現状を何とかしないといけないのは事実です。特に、増え続ける社会保障費をおぎなうために、消費税の増税が計画されてきました。このまま増税の延期が続くと、今後は社会保障への影響が心配されます。

消費税は20％にすべき!?

　2025年度には、**社会保障給付費**が150兆円に近づくとみられています（→127ページの図）。経済学者の中には、もしこれをすべて消費税でまかなおうとすれば、最低でも消費税を20％に上げないといけない、という意見もあります。また、他国と比べても、日本の消費税にあたる税金（**付加価値税**など）の税率は低く、日本も他国と同じ水準まで上げるべきという意見もあります。
　しかし、消費税増税によって物価が上がれば、消費自体が極端に冷えこむ可能性もあります。そうなると、実際に得られる税収が減ってしまうかも知れません。実際に消費税の税率を決めるには、その時の景気や社会状況を考え、税収が減らないようにすることも重要です。

税収がないのに法人税率が下がるのはなぜ？

　消費増税が急務とされている状況の中、逆に**法人税**の税率は下がっています。日本の法人税率は他国と比べて高く、2014年（平成26年）3月の時点で25.5％でした。税率を下げることで、物やサービスの値段を下げる、社員の給料を上げて消費を増やし景気を良くする、企業が法人税の安い国へ移転するのを防ぐ、といったメリットがあるといわれています。政府は法人税減税を段階的に行っていて、2016年には23.2％となっています。

比べてみよう世界の税金

積極的に経済活動に介入することで、国民の生活を安定させようとする政府を「大きな政府」、介入を最小限にして、自由な競争で経済成長をうながす政府を「小さな政府」と呼びます。ここでは、それぞれの代表、スウェーデンとアメリカを比べてみましょう。

高負担・高福祉のスウェーデン

租税負担率（国民所得に占める国税、地方税の割合）を見ると、日本は26.1%なのに対し、スウェーデンは49.9%と、24%近くも高くなっています。特に、スウェーデンの消費税率は25%（軽減税率あり）と他国と比べても高いのが特徴です。また、スウェーデンでは、全国民の課税所得が公開されているため、税金をごまかすことがむずかしいシステムです。

一方で、年金、児童手当、傷病手当などは国が、保険・医療サービスなどはランスティング（日本では県にあたる）が、高齢者や障害者への福祉サービスはコミューン（日本では市町村にあたる）が提供していて、国民・市民の追加負担はほとんどありません。まさに、「**高負担・高福祉**」の国であるといえるでしょう。

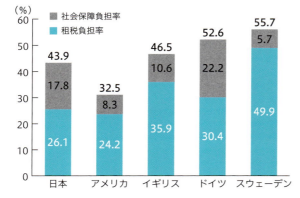

※財務省の資料より（2013年、日本のみ2016年度見通し）

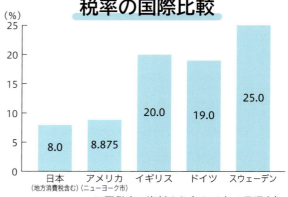

※国税庁の資料より（2016年1月現在）

アメリカの「小さな政府」

アメリカでは、個人の生活は個人の責任で行い、政府は干渉しないという**自己責任**の精神が根付いていて、先進国の中で、アメリカだけが公的な医療保険がありませんでした（高齢者、障害者などは除く）。国民は、自分でお金を払って、民間企業の医療保険に加入しないといけません。

一方で、近年、医療費が増大し、民間の医療保険料がとても高くなったり、健康状態が良くない人の保険の加入が断られたりして、国民の約15％が医療保険に加入していないという状況におちいりました。2014年に医療保険制度改革（オバマケア）が実施され、医療保険料が極端に高くならないようにしたり、健康状態を理由に保険の加入を断ることができないようにするなどの改革が進められています。しかし、共和党がオバマケアの廃止を主張するなど、先行きは不透明です。

産油国の国民は税金を払わなくていいって本当？

石油や天然ガスがたくさん採れるブルネイは、国民から所得税や住民税を取っていません。石油や天然ガスの輸出によって経済的に豊かで、人口も40万人ほどなので、税金を取らなくても充実した社会福祉を実現できるからです（法人税や自動車税などは存在）。ほかにも、産油国の中には個人に税金を課さない国や、課したとしても税率がとても低い国があります。

しかし、石油や天然ガスの価格はその時々で大きく変動するため、国の収入も不安定です。石油価格が大きく下落した2015～16年ごろから、サウジアラビアやアラブ首長国連邦など財政が悪化した産油国では、新たに付加価値税を導入する動きが出てきています。

新しい税金をつくる動きはあるの？

環境対策や社会保障など、ふくらみ続ける予算に対応するには、増税や新しい税の制定が必要になることもあります。しかし、国民生活に影響をおよぼすため、実現には慎重にならないといけません。実現した新税、していない新税について見てみましょう。

❶ 本格的にはじまった地球温暖化対策税

深刻化する地球温暖化への対応として、再生可能エネルギーの導入や省エネルギー対策などを進めるために、2012年（平成24年）に「地球温暖化対策のための税」が一部導入されました（➡51ページ）。

これは新しい税ではなく、これまであった「石油石炭税」（➡90ページ）の税率を引き上げるものです。3年半かけて3回に分けて税率を引き上げ、2016年4月に引き上げが完了しました。

❷ 出ては消える環境税の議論

「地球温暖化対策のための税」は、地球温暖化対策への財源だけが目的ではなく、化石燃料の使用をおさえてCO_2の排出を減らす効果も狙ったものです。

世界では先進国を中心に、地球環境を守るための対策費と、環境保護への意識を高める目的で「環境税」を導入する動きが進んでいます（➡51ページ）。日本でも、2004年（平成16年）に環境庁（当時）が提唱したものの、さまざまな反対にあいました。「地球温暖化対策のための税」でようやく一部が実現できましたが、今後もさらなる環境税の導入などを求める意見があります。

③ 死んでも消費税を払う！？

　2013年（平成25年）、政府が開いた社会保障制度改革に関する会議で、ある大学教授が、「死亡消費税」の導入を提案して、話題になりました。

　亡くなった人がのこした遺産の一部が、もし生きている間に使われていたらと仮定して、その際に支払っていたであろう消費税を徴収しようというのが、死亡消費税の考え方です。

　また、国民が銀行などにあずけている預貯金にも、税金をかけようという意見も出ています（今は利息にだけ税金がかかっている）。もちろん、これらが実現するかどうかは、現時点ではわかりません。

④ 東京オリンピックに向けた新税？

　2020年に開催されるオリンピック、パラリンピック東京大会の総予算は、当初7300億円とされてきました。しかし、今ではその3倍はかかるという意見が出て、一説には3兆円もかかるといわれています（2016年現在）。そうなると、スポンサーからの資金や入場料などではとてもまかないきれないため、税金を使わないといけません。

　そこで、当初の2倍近い2520億円かかるとされる、新しい国立競技場の建設費の財源として、かつて東京都知事を務めた人物が、テレビで「東京都民以外で東京に通勤する人から、1人あたり月1000円の税金を徴収すればいい」と発言して、話題になりました。

第4章　もっと知りたい！　税金のこと　133

税金の無駄づかいを減らすには？

予算がふくらむ一方で、景気が悪くて税収も増えない、増税もなかなかできないとなると、税金の無駄づかいをできるだけ減らす必要が出てきます。そのためには、税金の使い道をチェックするしくみが必要です。日本にはどんな制度があるのか、見てみましょう。

年度末に道路工事が増える！？

車を運転する人から、「年度末（2月～3月ごろ）になると、道路工事が増える」という話を聞いたことはないでしょうか？　これは、年度のはじめに決まった予算が、年度末にあまってしまうと、来年度の予算が減らされてしまうため、予算を使い切るために必要のない工事をすると、一般的にはいわれています。

実際には、年度のはじめに決まった道路の補修工事が、まわりの土地所有者との交渉や、水道管やガス管の工事が終わったあとに行われるなどの事情で、年度末に集中しやすいという理由もあります。しかし、その道路工事自体が、そもそも必要なものなのかという点については、国民・市民が監視していかなければなりません。

税金の無駄づかいがないかを監視する

　国や地方自治体が、税金を正しく使っているか、無駄づかいをしていないかを監視するのは、私たち一般の国民や市民ではむずかしいのが現状です。そこで、私たちにかわって、税金が正しく使われているかどうかをチェックする機関があります。

●会計検査院

　会計検査院は、国会や内閣、裁判所から独立して、税金が正しく使われているかどうかを検査する機関で、1880年（明治13年）に設置されました。国の会計のほか、国が出資する機関、国が補助金などを出している地方自治体、独立行政法人など、税金が投入されているすべての機関や法人が対象となります。

　書類を調べたり、時には現場に足を運んだりして、検査した結果は報告書にまとめられて内閣に提出されます。報告書は、国会で決算審査を行う場合の資料となるほか、会計検査院のホームページなどを通じて国民も見ることができます。

　地方自治体の会計については、各自治体に置かれた監査委員が監査をしたり、外部の監査を受けたりします。

●オンブズパーソン制度

　地方自治体によっては、「**オンブズパーソン（オンブズマン）制度**」を置いているところもあります。これは、弁護士など、自治体から独立した人や組織によって運営され、住民からの苦情や相談を受け、自治体に対して調査したり改善を求めたりする制度です。

　1990年（平成2年）に神奈川県川崎市がはじめて導入し、その後いくつかの自治体で導入されたほか、市民が独自にオンブズパーソンを結成しているケースもあります。

　オンブズパーソンは、情報公開制度や住民監査請求などを使って、税金の使い道を調べることができますが、法的な強制力を持っているわけではありません。

税金の使い方を可視化する！？

　近年、「**Where Does My Money Go?（税金はどこへ行った？）**」というインターネットのサイトが注目されています。これは、イギリスのあるグループが開発したもので、日本にも多くの市町村向けにサイトが公開されています。

　このサイトにアクセスし、自分のおおよその年収を入力すると、納めた税金のおおよその額と、1日あたり何に何円使われたかが画面に表示されます。あくまでもおおよその額であり、無駄づかいを見つけることはできませんが、自分が納めた税金がどのように使われるのかを知ることで、納税者の行政への参加意識が高まることが期待されています。

第4章 もっと知りたい！　税金のこと　135

これからの税制を見直す動き

これまで説明してきた通り、国や地方の歳入を増やすために、増税を進めるのは簡単なことではありません。そこで、今の税金のしくみ（税制）を見直そうという動きが出てきていますが、それも簡単にはいかないのが現状です。

 ## 社会保障と税の一体改革で、社会保障は充実するの？

2012年（平成24年）の三党合意（➡128ページ）で決められたのが、「**社会保障と税の一体改革**」です。これは、消費税を増税したことで得た税収を、すべて社会保障費にあてるというものです。仮に、消費税率が2019年に10%へ増税された場合、増える税収は1年で約14兆円とされています（政府広報より）。

しかし、実際はこれまでの国債の支払い（借金の返済）に半分以上が使われ、社会保障の充実には6兆円ほどしか使われません。これまで増え続けた社会保障費をまかなうために、国債を発行し続けてきたからというのが理由ですが、「結局は社会保障以外にたくさん使われるのでは？」という批判もあります。

消費税率引き上げによる増収分の半分以上が、国の借金の返済に！？

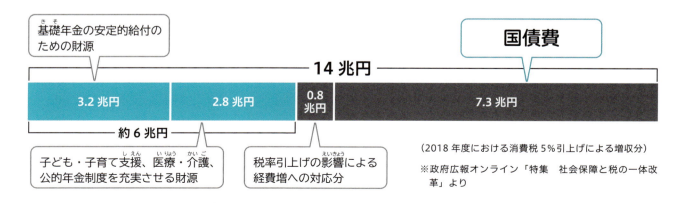

三位一体の改革はうまくいっているの？

「地方でできることは地方で」という考えのもと、2002年（平成14年）に、当時の小泉純一郎内閣が進めたのが、「三位一体の改革」です。多くの地方自治体の財政は、補助金や国庫支出金、地方交付税交付金などで国からお金を回してもらわないと成り立たなかったのです。

この改革は、補助金や交付金を減らすかわりに、国税だったものを地方税に移し、地方が自由に使えるお金を増やそうというものです。

自由なお金が増える一方で、やりくりも自治体が責任を持って行わなければなりません。実際、この改革が行われてからは、財政が悪化して、地方債（地方の借金）の発行額が増えた自治体が多く出てきました。また、権限の多くを国が持ったままで、地方の自由にできる範囲が少ないという批判もあります。

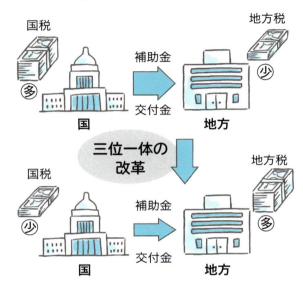

税金の使われ方について、みんなで考えよう

ここで紹介した「社会保障と税の一体改革」や「三位一体の改革」は、税制を変える方法の一部ではありますが、これですべてが解決するわけではありません。やはり、できるだけ歳出を減らして、歳入を増やすようにしないと、財政はよくなりません。

しかし、歳出を減らすと社会福祉が不十分になるかも知れませんし、増税を進めると国民の生活が苦しくなるかも知れません。そのバランスをどう取るのか、国民一人ひとりが考えていくべきです。

今の税金や社会保障の問題点は何か、みんなで意見を出しあって、考えてみましょう。

さくいん

あ行

育英事業費 ── 53

一時所得 ── 77, 79, 110

一揆 ── 25

一般会計 ── 43

一般消費税 ── 82

犬保有税（ドイツ）── 31

医療費控除 ── 117

医療保険 ── 44

印紙税 ── 81, 93

インフラ ── 46

インフレ ── 28

Where Does My Money Go?
（税金はどこへ行った？）── 135

打ちこわし ── 25

エコカー減税 ── 93, 102

延滞税 ── 68

大きな政府 ── 130

思いやり予算 ── 57

お礼品 ── 120, 121

オンブズパーソン（オンブズマン）制度 ── 135

か行

会計検査院 ── 122, 135

介護保険 ── 44

科学技術振興費 ── 54, 55

確定申告 ── 19, 77, 116

核燃料税 ── 107

核燃料等取扱税 ── 107

核燃料物質等取扱税 ── 107

過少申告加算税 ── 68

課税単位 ── 76

ガソリン税 ── 82, 88

刀狩り ── 25

寡婦・寡夫控除 ── 117

株仲間 ── 25

貨幣経済 ── 25

環境税 ── 132

環境協力税 ── 107

関税 ── 104, 105, 124, 125

関税および貿易に関する一般協定（GATT）
── 124

間接税 ── 72, 73, 88, 89, 90, 91, 92, 93

簡素の原則 ── 17

還付金 ── 19, 78

魏志倭人伝 ── 20

基礎控除 ── 78, 116

揮発油税 ── 88

寄付 ── 120

寄附金控除 ── 117, 120

義務教育 ── 52

給与所得 ── 77, 78

給与所得控除 ── 78, 116

給与明細書 ── 76

教育の義務 ── 16

狭小住戸集合住宅税 ── 107

強制執行 —— 69

共同施設税 —— 101

勤労学生控除 —— 117

勤労の義務 —— 16

公事 —— 23

口分田 —— 21

グリーン化税制 —— 102

景気の調整 —— 15

軽減税率 —— 87

経済の安定化 —— 39

経済連携協定（EPA） —— 125

軽自動車税 —— 102

軽油取引税 —— 90

月餅税（中国） —— 31

建設公債 —— 41

源泉徴収 —— 19,79

検地帳 —— 24

公共サービス —— 14

公共サービスの資金 —— 14

公共事業 —— 46,47,50

鉱区税 —— 103

高校授業料の無償化 —— 53

公債 —— 40

公債金 —— 37

公債残高 —— 41,127

公債発行額 —— 41

鉱産税 —— 103

控除 —— 116,117

厚生年金保険 —— 112

高負担・高福祉 —— 130

公平の原則 —— 17

御恩 —— 22

国債 —— 27,40

国税 —— 58,70

国税局 —— 66,67

国税庁 —— 66,67

石高 —— 24

国民健康保険税 —— 99,112

国民年金 —— 112

国民の三大義務 —— 16,28

御家人 —— 22

個人住民税 —— 96

個人情報 —— 119

固定資産税 —— 81,98

個別消費税 —— 82

雇用保険 —— 44

ゴルフ場利用税 —— 91

墾田永年私財法 —— 22

さ行

歳出 —— 37

財政 —— 36

再生可能エネルギー —— 50

財政投融資 —— 41

歳入 —— 37

雑所得 —— 77,110

雑損控除 —— 117

参議院 —— 42,43

暫定税率 —— 88

暫定予算 —— 62

三位一体の改革 —— 137

さくいん 139

山林所得 —— 77

JRグループ —— 61

事業所税 —— 100

事業所得 —— 77

事業税 —— 100

資源配分の調整 —— 38

自己責任 —— 131

地頭 —— 22

自動車重量税 —— 93

自動車取得税 —— 102

自動車税 —— 102

死亡消費税 —— 133

脂肪税（デンマーク）—— 31

シャウプ勧告 —— 28

社会保険料控除 —— 117

社会保障 —— 44

社会保障給付費 —— 127,129

社会保障と税の一体改革 —— 136

社会保障費 —— 40,44

重加算税 —— 68

衆議院 —— 42,43

渋滞税（イギリス）—— 30

自由貿易協定（FTA）—— 105,125

住民税 —— 48,67,96,97

住民税の特例分 —— 120

宿泊税 —— 107

守護 —— 22

受信料 —— 112

酒税 —— 82,88,111

酒税法 —— 111

狩猟税 —— 103

荘園 —— 22

障害者控除 —— 117

奨学金制度 —— 53

少子高齢化 —— 126

使用済核燃料税 —— 107

譲渡所得 —— 77

消費税

　18,27,29,81,82,83,84,85,86,87,128

消費税法 —— 84

消費税免税店（Tax Free Shop）—— 105

所得額 —— 75

所得隠し —— 69

所得税 —— 19,26,67,74,75,76,77,78,79,81

所得の再分配 —— 14,15,39

申告納税制度 —— 28

申告漏れ —— 69

水利地益税 —— 101

スーパーコンピュータ —— 55

生活保護 —— 39,44,45

生前贈与 —— 95

生存権 —— 45

政府開発援助（ODA）—— 57

税務署 —— 66,67

税務調査 —— 68

生命保険料控除 —— 117

世界貿易機関（WTO）—— 124

関銭 —— 23

石油ガス税 —— 90

石油石炭税 —— 88,90,132

租 —— 21

相続税 —— 67,94

相続人 —— 94

贈与税 —— 18, 95

租税 —— 21

租税回避地 —— 108

租税平等主義 —— 17, 116

租税負担率 —— 130

租税法律主義 —— 17

租賦 —— 20

た行

太閤検地 —— 24

退職所得 —— 77

大宝律令 —— 21

タックスヘイブン —— 108

脱税 —— 69

田沼意次 —— 25

たばこ税 —— 82, 89

担税者 —— 72

小さな政府 —— 131

地球温暖化対策のための税 —— 51, 132

地券 —— 26

地租改正 —— 26

地方揮発油税 —— 88

地方交付税交付金 —— 58

地方債 —— 40

地方消費税 —— 83

地方税 —— 58, 70

地方分権 —— 59

地方法人特別税 —— 81, 100

中立の原則 —— 17

調 —— 21

直接税 —— 72, 73

直間比率 —— 73

追徴課税 —— 68

津料 —— 23

TPP（環太平洋パートナーシップ）協定
—— 105, 125

電源開発促進税 —— 92

登録免許税 —— 81, 92

特別会計 —— 43

特別土地保有税 —— 101

特例公債 —— 41

都市計画税 —— 99

豊臣秀吉 —— 24

とん税・特別とん税 —— 92

な行

二院制 —— 43

日米安全保障条約 —— 57

日本国憲法 —— 28

日本たばこ産業株式会社（JT）—— 61

日本電信電話株式会社（NTT）—— 61

日本郵政グループ —— 60

入湯税 —— 91

年金 —— 44, 112

年貢 —— 23

年末調整 —— 76, 116

納税の義務 —— 16, 80

乗鞍環境保全税 —— 107

さくいん 141

は行

配偶者控除 —— 117

配偶者特別控除 —— 117

配当所得 —— 77

パナマ文書 —— 109

藩札 —— 25

班田収授法 —— 21

東日本大震災復興基本法 —— 48

非居住者 —— 105

必要経費 —— 74,110

百姓一揆 —— 25

付加価値税 —— 82,129

武士 —— 22

不正受給 —— 45

普通税 —— 71

復興給付金 —— 123

復興債 —— 41

復興増税 —— 122

復興特別税 —— 48

復興予算 —— 49,122,123

物品税 —— 27,111

不動産取得税 —— 99

不動産所得 —— 77

負の遺産 —— 95

不納付加算税 —— 68

夫役 —— 23

扶養控除 —— 117

ふるさと納税 —— 120,121

別荘等所有税 —— 107

防衛費 —— 56

貿易 —— 124

奉公 —— 22

法人 —— 80

法人事業税 —— 81

法人住民税 —— 81,97

法人税 —— 26,80,81,129

法定外税 —— 106

法定外普通税 —— 106

法定外目的税 —— 106

法定受託事務 —— 59,71

保税免税店（Duty Free Shop） —— 105

補正予算 —— 62

ポテトチップス税（ハンガリー） —— 30

本会議 —— 42,43

ま行

マイナンバー —— 118,119

源 頼朝 —— 22

民営化 —— 60,61

明銭 —— 23

無申告加算税 —— 68

免税店 —— 86,105

目的税 —— 71

や・ゆ・よ

遊漁税 —— 107

庸 —— 21

予算 —— 42,43,62

予算委員会 —— 42,43

ら行・わ

利子所得 …… 77

領主 …… 23

累進課税 …… 39, 75

歴史と文化の環境税 …… 107

ロック・アーン宣言 …… 109

ワンストップ特例制度 …… 121

◆おもな参考資料

『財政のしくみがわかる本』神野直彦著（岩波ジュニア新書）

『税金　常識のウソ』神野直彦著（文春新書）

『図説　日本の財政　平成27年度版』大矢俊雄編著（東洋経済新報社）

『図説　日本はこうなっている　財政のしくみ』黒川和美編著（PHP研究所）

『図解で早わかり　最新　税金のしくみ』村田克也監修（三修社）

おもしろ日本史入門『税金でさぐる日本史 付・算数むかし話』板倉聖宣監修／落合大海、松崎重広文（国土社）

『エピソードで綴る税の日本史』租税史研究グループ編（大蔵財務協会税のしるべ総局）

『ニュース年鑑』（2007 ～ 2014）池上彰監修（ポプラ社）

『小学生からの知っておきたい「お金」のすべて』（3、4）荻原博子監修（文溪堂）

『イラストで学べる税金のしくみ』（1 ～ 3）大野一夫著（汐文社）

『税ってなに？』（シリーズ1 ～ 4）三木義一監修（かもがわ出版）

『政治と経済のしくみがわかるおとな事典』池上彰監修（講談社）

『地方自治のしくみがわかる本』村林守著（岩波ジュニア新書）

国税庁ホームページ

財務省ホームページ

内閣府ホームページ

文部科学省ホームページ

厚生労働省ホームページ

環境省ホームページ

外務省ホームページ

総務省ホームページ

防衛省・自衛隊ホームページ

東京都主税局ホームページ

他、官公庁各ホームページ、各種年鑑・白書

監修

神野直彦（じんの・なおひこ）

東京大学名誉教授。1946年、埼玉県生まれ。東京大学大学院経済学研究科博士課程修了。専攻は財政学。大阪市立大学助教授、東京大学教授、関西学院大学教授などを経て、現在は東京大学名誉教授。『財政学』（有斐閣）、『税金　常識のウソ』（文春新書）、『財政のしくみがわかる本』（岩波ジュニア新書）、『「分かち合い」の経済学』（岩波新書）など著書多数。

◆画像提供（順不同）

岩波書店、毎日新聞社、尼崎市立地域研究史料館、伊予銀行、理化学研究所、フォトライブラリー、PIXTA

◆イラスト

髙木一夫、株式会社コットンズ

◆執筆

加藤達也、香月真理子、古川智子、フライング・プロジェクト、澤野誠人（株式会社ワード）

◆校閲・校正

株式会社鷗来堂、株式会社ワード、蓬田愛

◆ブックデザイン

西野真理子（株式会社ワード）

◆DTP

大橋直文

◆企画・編集

澤野誠人（株式会社ワード）

CD61038

税金の大事典

2017年1月　初版第1刷発行　　2022年6月　初版第3刷発行

発行人　　　志村直人
発行所　　　株式会社くもん出版
　　　　　　〒141-8488　東京都品川区東五反田2-10-2　東五反田スクエア11F
　　　　　　電　話　03-6836-0301（代表）
　　　　　　　　　　03-6836-0317（編集直通）
　　　　　　　　　　03-6836-0305（営業直通）
　　　　　　ホームページアドレス　https://www.kumonshuppan.com/
印刷・製本　　大日本印刷株式会社

NDC340・くもん出版・144P・28cm・2017年・ISBN978-4-7743-2650-4
© 2017 KUMON PUBLISHING Co.,Ltd.
Printed in Japan
落丁・乱丁がありましたら、おとりかえいたします。
本書を無断で複写・複製・転載・翻訳することは、法律で認められた場合を除き禁じられています。購入者以外の第三者による本書のいかなる電子複製も一切認められていませんのでご注意ください。